ISÖ
Institut für
Sozialökologie

ISÖ-Text 2019-3

# Wie macht man Teilhabe?

## Inklusion durch Umbau der Angebote gemeinsam verwirklichen – Zwischenbericht der Evaluation

Michael Opielka und Magdalena Wißkirchen

ISÖ – Institut für Sozialökologie gemeinnützige GmbH
ISÖ – Institute for Social Ecology non-profit company

Bibliographische Information der Deutschen Nationalbibliothek:

Die Deutsche Nationalbibliothek verzeichnet diese Publikation in der Deutschen Nationalbibliographie; detaillierte bibliographische Daten sind im Internet unter http://dnb.dnb.de abrufbar.



Herstellung und Verlag:

BoD – Books on Demand, Norderstedt

ISBN: 978-3-75041-168-5

# Wie macht man Teilhabe?

## Inklusion durch Umbau der Angebote gemeinsam verwirklichen – Zwischenbericht der Evaluation

Gefördert durch die Aktion Mensch Stiftung

Michael Opielka und Magdalena Wißkirchen

Mitarbeit: Philipp Herbrich

Siegburg, 26. Oktober 2019

ISÖ - Institut für Sozialökologie gemeinnützige GmbH
Ringstraße 8, 53721 Siegburg
Tel.: +49 (0) 2241 1457073, Fax: +49 (0) 2241 1457039, E-Mail: info@isoe.org, Web: www.isoe.org

Coverabbildung: ISÖ

Weitere Informationen finden Sie auf der Homepage des
ISÖ – Institut für Sozialökologie gemeinnützige GmbH:

https://www.isoe.org/projekte/laufende-projekte/evaluation-wie-macht-man-teilhabe-inklusion-durch-umbau-der-angebote-gemeinsam-verwirklichen/

# Inhaltsverzeichnis

# Abbildungsverzeichnis

# Tabellenverzeichnis

# Vorwort

Das ISÖ legt hiermit den Zwischenbericht in einem Forschungsprojekt vor, das hohe Ansprüche stellt. Es soll ein Modellprojekt evaluieren, das die Aktion Mensch Stiftung finanziert und die LIGA der Freien Wohlfahrtspflege Thüringen durchführt. Das Modellprojekt versucht unter dem Titel „Wie macht man Teilhabe? Inklusion durch Umbau der Angebote gemeinsam entwickeln" mit drei Trägern eine Ambulantisierung der Angebote für Menschen mit Beeinträchtigungen zu realisieren, als Vorgriff und Test der künftig allgemein geltenden Regeln des neuen Bundesteilhabegesetzes. Die Eingliederungshilfe gehört zu den größten Kostenblöcken in der Sozialpolitik der Bundesländer. Es geht also um viel Geld. Es geht aber zugleich um Menschenrechte, um ein würdiges Leben auch mit Beeinträchtigungen.

Der vorliegende Text ist der Zwischenbericht, der nach gut zwei Dritteln der Projektlaufzeit gegeben wird. Das Projekt lief nicht einfach an. Vor allem aber steht für die Evaluationsforschung nur ein sehr geringer Betrag zur Verfügung, was die Arbeit angesichts bescheidener Personalressourcen nicht erleichtert. Alles dauert.

Dennoch macht der Zwischenbericht hoffentlich Sinn. Wir erhoffen uns Rückmeldungen, besonders auch kritische. Vielleicht lässt sich die eine oder andere kritische Bewertung unsererseits – Evaluation ist eben Bewertung – im letzten Projektjahr durch geänderte Praxis noch auflösen. Das wird dann der Endbericht.

Ich danke dem Forschungsteam, vor allem Magdalena Wißkirchen, in der Anfangszeit des Projektes auch Sophie Peter, und in der finalen Phase ergänzend auch Philipp Herbrich, für das große Engagement. Wir alle danken dem Projektbüro der LIGA, Stefanie Streit und Hagen Mittelstädt, für die solidarische und fleißige Kooperation!

Siegburg, im Oktober 2019

Prof. Dr. Michael Opielka

# 1 Das Projekt „Wie macht man Teilhabe?"

Das Modellprojekt „Wie macht man Teilhabe? Inklusion durch Umbau der Angebote gemeinsam verwirklichen" der LIGA der freien Wohlfahrtspflege in Thüringen e.V. begleitet seit 2017 drei stationäre Einrichtungen der Behindertenhilfe Thüringen bei einem Prozess, der die Auflösung der bisherigen stationären Struktur und die Schaffung ambulanter und verstärkt personenzentrierter Angebote anstrebt. Gefördert wird dieses innovative Projekt durch die Aktion Mensch Stiftung (siehe Anhang 1).

Das Projekt verfolgt das Ziel, Menschen mit Beeinträchtigungen (Behinderungen) Möglichkeiten zur individuellen Lebensgestaltung zu schaffen. Im Projekt sollen sie darin gestärkt und befähigt werden, notwendige Veränderungsprozesse der Eingliederungshilfe aktiv mitzugestalten.

Operatives Ziel des Projektes ist es, klassische Angebote der bisher stationären und teilstationären Eingliederungshilfe gemeinsam mit Leistungsträgern, Leistungserbringern und weiteren Akteuren in personenzentrierte ambulante Angebote weiterzuentwickeln und diesen Prozess transparent darzustellen. Hierbei stehen Fragen der Konzept-, Organisations- und Personalentwicklung sowie der Entwicklung neuer Tätigkeitsfelder und Vergütungsstrukturen im Zentrum der Betrachtung. Dieser Umstrukturierungsprozess wurde auf eine Dauer von drei Jahren angelegt und begann im Sommer 2017. Er wird im Sommer 2020 abgeschlossen.

Die Evaluation dieses Projektes wurde vom ISÖ - Institut für Sozialökologie unter der wissenschaftlichen Leitung von Prof. Dr. Opielka übernommen. Der dafür zu Beginn veranschlagte Arbeitsaufwand beläuft sich auf 22 Personentage innerhalb von drei Jahren. Es wurde angestrebt, im Rahmen der Kooperation mit der Ernst-Abbe-Hochschule Jena, FB Sozialwesen, Studierende für FuE-Projekte bzw. Qualifikationsarbeiten im Rahmen der Evaluation zu gewinnen. Dies konnte jedoch bisher trotz wiederholter Anläufe nicht realisiert werden. Die Thematik der Behindertenhilfe und Personenzentrierung scheint unter den Studierenden nicht auf großes Interesse zu stoßen. Die im vorliegenden Zwischenbericht vorgestellten Leistungen wurden durch das Evaluationsteam des ISÖ erbracht, zu dem unter der Leitung von Prof. Dr. Michael Opielka, von Projektbeginn an Sophie Peter, MA, und ab April 2018 Magdalena Wißkirchen, BA, gehören. Seit April 2019 gehört auch Philipp Herbrich, MA, zum Evaluationsteam.

# 2 Evaluationskonzept

## 2.1 Vorüberlegungen

Die Grundlage einer jeden Evaluation muss es sein, alle Projektbeteiligten gleichermaßen und das bedeutet entsprechend dem Ausmaß, in dem sie durch dieses Projekt real berührt werden, auch an der Evaluation zu beteiligen. Die AdressatInnen der Evaluation sind in diesem Projekt Fachkräfte, politische Akteure, Menschen mit körperlichen Beeinträchtigungen, Menschen mit geistigen Beeinträchtigungen, Menschen mit psychischen Beeinträchtigungen, Menschen mit mehreren Beeinträchtigungen, Angehörige und persönliche BetreuerInnen. Die AdressatInnen dieser Evaluation starten mit den unterschiedlichsten Bedingungen in die Befragungen.

Der Auftrag dieser formativen, d.h. an Prozessgestaltung interessierten Evaluation lautet, das Projekt zu begleiten und in regelmäßigen Abständen Befragungen durchzuführen, um eine Verlaufsbeobachtung des Projektes zu erzielen. Voraussetzung für eine solche Verlaufsbeobachtung ist das regelmäßige Erheben von Daten auf Basis standardisierter Fragebögen.

Aus diesen Vorüberlegungen heraus stellen sich die Fragen: Kann auch in diesem Projekt eine standardisierte Befragungsmethode gewinnbringend eingesetzt werden? Wie kann die standardisierte Befragung von Menschen mit Beeinträchtigungen gelingen? Wie kann eine Evaluation der Teilhabeentwicklung von Menschen mit Beeinträchtigungen gelingen?

„Die Menschen mit Beeinträchtigung" gibt es nicht. Die Bedarfe zur gelingenden Fragebogenausfüllung sind so vielfältig wie die Menschen, die sie ausfüllen. Diese Vielfalt an Bedarfen stellt für das Evaluationsteam eine große Herausforderung dar. Zwar liegen bereits einige wissenschaftliche Studien zur Teilhabe von Menschen mit Behinderungen vor, wie etwa die Infas Studie im Auftrag des Bundesministeriums für Arbeit und Soziales, doch stecken auch diese noch in den Kinderschuhen (Infas 2017, 2018). So findet diese Evaluation vor dem Hintergrund der in Literatur und Forschung aktuellen Frage statt: Wie kann eine Befragung von Menschen mit Beeinträchtigung gelingen? Was muss beachtet werden, welche Mittel sind nötig? Wie kann unserer Vielfalt angemessen begegnet werden? Unsere Methoden und Herangehensweisen werden im Kontext dieser Studien diskutiert. Wir beginnen mit einigen theoretischen und systematischen Überlegungen.

Evaluation heißt Analyse und Bewertung von Wirkungen einer Maßnahme. Was aber genau sind Wirkungen? In einem zweiteiligen Aufsatz der Zeitschrift „NDV – Nachrichtendienst des Deutschen Vereins für öffentliche und private Fürsorge“ im September und Oktober 2019 diskutieren die Juristen Florian Gerlach und Knut Hinrichs „Die Einführung von Instrumenten der Wirkungssteuerung durch das Bundesteilhabegesetz und ihre rechtlichen Implikationen“ (Gerlach/Hinrichs 2019). Die Autoren können zeigen, dass die Rede von den Wirkungen und ihrer Aggregation in einer Wirksamkeit ziemlich komplex ist. Sie stellen das Konzept der Wirksamkeit im BTHG vor: „Wann und unter welchen Voraussetzungen Leistungen der Eingliederungshilfe jedoch als ‚wirksam‘ zu qualifizieren sind und insbesondere nach welchen Kriterien der Wirksamkeit beurteilt werden soll, bleibt sowohl im Gesetz selbst auch in der Begründung zum Gesetzentwurf der Bundesregierung offen.“ (ebd., S. 413f.). In den Landesausführungsgesetzen finden sie nichts Präzisierendes, doch in den Landesrahmenverträgen werden sie fündig, freilich recht einseitig. So ordnet der Thüringer Rahmenvertrag in § 12 Abs. 3 und § 22 Abs. 1 „die Wirksamkeit den Begriffen der Wirtschaftlichkeit und Qualität“ unter (ebd., S. 414). Im Sozialleistungsrecht sieht es auch nicht gut aus, beispielsweise in Bezug auf die für unsere Evaluation zentrale Dimension der „Teilhabe“: „Die Antwort auf die Frage, was Teilhabe eigentlich sei, fällt höchst unterschiedlich aus und ist offensichtlich abhängig von der Interessenlage der der Befragten. Versuche einer begrifflichen Klärung des Teilhabebegriffs bleiben oft in tautologischen Wendungen stecken (‚Teilhabe liegt vor, wenn der Mensch am Leben in der Gesellschaft teilhat‘).“ (ebd., S. 415f.) Die zudem durchgesehene juristische Literatur ist unergiebig, während die in der sozialwissenschaftlichen Literatur diskutierten Modelle und Begrifflichkeiten wie Input, Output oder Impact farbiger scheinen, doch nicht unbedingt juristisch eindeutiger: „Zum einen deshalb, weil in der sozialwissenschaftlichen Literatur in keiner Weise Eindeutigkeit hinsichtlich des Wirkungsbegriffs und auch des Einsatzes entsprechender Instrumente der Wirkungssteuerung herrscht. Zum anderen und vor allem deshalb, weil der Begriff der Wirkungsorientierung im Kontext von Rechtsansprüchen auf Sozialleistungen und den diese flankierenden Verfahrensnormen allein diejenige Wirkung in den Blick nehmen kann, die beim jeweiligen Adressaten der Sozialleistung erzielt wird. Sozialwissenschaftliche Interpretationen des Wirkungsbegriffs gehen allerdings weit über diese – einzelfallorientierte – Betrachtung hinaus, wenn sie daneben vor allem auch die ökonomischen, gesellschaftlichen, politischen, kulturellen und sozialen Wirkungen in den Blick nehmen.“ (ebd., S. 414f.) Der ernüchternde Blick in die sozialwissenschaftliche Evaluationsforschung lässt sich noch verstärken, wenn wir einen weiteren aktuellen Text aus dem Verlagsprogramm des Deutschen Vereins heranziehen, immerhin die Dachorganisation der freien und öffentlichen Wohlfahrtspflege.

Dort erschien ebenfalls in 2019 die Schrift „Wozu die Wirkung Sozialer Arbeit messen?" der sich bekanntlich als kritisch verstehenden AutorInnen Monika Burmester und Norbert Wohlfahrt. Sie stellen zunächst fest: „Die Wirkungsdebatte ist in ihrer Entwicklung davon geprägt, die relative Autonomie der Leistungserbringer einzugrenzen und sie zu höherer Wirtschaftlichkeit zu bewegen. (...) Dabei wird weitgehend unterstellt, dass diese Dienstleistung auch für die Konsumentinnen und Konsumenten eine positive Wirkung erzeugt, also mit deren Interessen identisch ist." (Burmester/Wohlfahrt 2019, S. 36) Ihr Fazit von Wirkungsmessung und -forschung ist im Grunde negativ: „Soziale Wirkungsmessung ist ‚angesagt' und das begründet sich in erster Linie aus der Unzufriedenheit mit dem gegebenen System der Finanzierung sozialer Leistungen. Dieses soll durch eine Ausrichtung auf messbare Wirkungen optimiert werden. Gleichzeitig wird die Botschaft vermittelt, dass der Sozialstaat nicht länger ein Reparaturbetrieb ökonomisch verursachter Problemlagen ist, sondern selbst als ökonomischer Akteur angesehen werden kann, der mit seinem Investment eine gesellschaftliche Rendite erzielt. Dabei ist und bleibt der Ruf nach sozialer Wirkungsmessung in dem Widerspruch befangen, dass die sozialen Problemlagen, auf die mittels sozialer Interventionen reagiert wird, von diesen nur bedingt beeinflusst werden können." (ebd., S. 58) Der Einwand liegt mehr als nahe, dass dies für außerordentlich viele Sachverhalte gilt, keineswegs nur für Interventionen der Sozialen Arbeit im weiteren Sinn. Dennoch kann es sehr sinnvoll sein, diese Interventionen auf ihre Wirkungen zu untersuchen, so gut es eben geht und im Bewusstsein der Komplexität sozialer Probleme.

Es lohnt daher, noch einmal die zu Projektbeginn formulierte Zielsetzung in Erinnerung zu rufen: „Das Projekt hat das primäre Ziel, Menschen mit Behinderungen ihre Wahlmöglichkeiten für eine individuelle Lebensgestaltung aufzuzeigen. Durch konsequente Partizipation und Personenzentrierung sollen sie gestärkt und befähigt werden, notwendige Veränderungsprozessen der Eingliederungshilfe aktiv mitzugestalten. Operatives Ziel des Projektes ist es, klassische Angebote der bisher stationären und teilstationären Eingliederungshilfe gemeinsam mit Leistungsträgern, Leistungserbringern und weiteren Akteuren in personenzentrierte ambulante Angebote weiterzuentwickeln und diesen Prozess transparent darzustellen. Hierbei stehen Fragen der Konzept-, Organisations- und Personalentwicklung sowie der Entwicklung neuer Tätigkeitsfelder und Vergütungsstrukturen im Zentrum der Betrachtung." (siehe Anlage 2 in der Anlage, S. 2) Wie kann nun das „primäre Ziel, Menschen mit Behinderungen ihre Wahlmöglichkeiten für eine individuelle Lebensgestaltung aufzuzeigen" auf seine Wirksamkeit untersucht werden? Wie kann gemessen werden, ob es gelingt, „durch konsequente Partizipation und Personenzentrierung" eine Stärkung und Befähigung der Menschen mit Beeinträchtigung zu erreichen, „notwendige Veränderungsprozessen der Eingliederungshilfe aktiv mitzugestalten"?

Um dieses Projektziel zu evaluieren, muss zunächst gefragt werden: Wie misst man Partizipation? Elisabeth Wacker hat im Rahmen der Disability Studies unter Bezug auf die ökologische Sozialisationstheorie des Entwicklungspsychologen Urie Bronfenbrenner auf die Mehrdimensionalität von Teilhabe auf der Mikro-, Meso- und Makroebene verwiesen (Wacker 2019, S. 17): „Auf der Makroebene etwa Sozial- und Behindertenpolitiken im internationalen Vergleich, auf der Mesoebene die Inklusivität von Organisationen und auf der Mikroebene etwa Ansprüche und Wirklichkeit von Teilhabechancen und -erfahrungen in unterschiedlichen Lebensbereichen." (ebd., S. 18) Wir haben die Kriterien von Teilhabe und Partizipation daher in vier Dimensionen unterschieden, die gemessen werden können:

1. Kriterien von **Zufriedenheit** (a) in Bezug auf das jeweilige Dienstleistungssystem und (b) allgemeine Lebenszufriedenheit (i.V. mit der Annahme, dass diese durch die Institution und ihre Leistungen beeinflusst wird)
2. Was genau ist **Partizipation**? (a) Ein soziales Gefüge („Gemeinschaft"), in das man kommunikativ und materiell eingebunden ist, (b) gleichzeitig individuell und gemeinschaftlich
3. Wer sind die **Auskunftspersonen** bzw. die **Akteure** (Stakeholder) der Evaluation? (a) Primär: Menschen mit Beeinträchtigungen, Angehörige, Betreuer; (b) Fachkräfte, Multiplikatoren, Politik
4. Wie lässt sich das **Ziel** bzw. **Normativ** von Partizipation definieren: (a) siehe 1 bis 3: die Stakeholder selbst fragen und bewerten lassen, (b) gesellschaftliche (juristische, z.B. MRK, BRK) und wissenschaftliche Standards = „Mixed Normative" (Hoher Aufwand für Betreuungspersonen!)

In diesem Zusammenhang soll auch auf das noch recht neue Netzwerk „Aktionsbündnis Teilhabeforschung" (www.teilhabeforschung.org) hingewiesen werden, dem auch das ISÖ angehört. Das Aktionsbündnis orientiert sich an der UN-Behindertenrechtskonvention und legt einen besonderen Schwerpunkt auf partizipative Forschungsmethoden.

Die Evaluation des Modellprojektes „Wie macht man Teilhabe? Inklusion durch Umbau der Angebote gemeinsam verwirklichen“ orientiert sich in ihrer Struktur an zwei Zielgruppen, die im Folgenden erörtert werden.

## 2.2 Zielgruppen der Evaluation

### 2.2.1 Primäre Zielgruppe

Als primäre Zielgruppe des Projektes gelten die Menschen mit psychischen, geistigen und/oder körperlichen Beeinträchtigungen, die zu Beginn des Projektes in den vorrangig stationären Wohngruppen der drei Modelleinrichtungen lebten. Hinzugezählt wurden die Personen, die die trägernahen Angebote der Modelleinrichtungen wahrnehmen, sowie Angehörige und BetreuerInnen, die die Lebensplanung aktiv mitgestalten. Zu Beginn des Projektes wohnten 70 Personen mit psychischen Erkrankungen im Bodelschwingh-Hof Mechterstädt (BHM), 10 Personen mit geistiger und/oder körperlicher Beeinträchtigung in einer Einrichtung des Christlichen Jugenddorfwerk Deutschlands in Erfurt sowie 100 Personen mit psychischer und geistiger Beeinträchtigung bei der Lebenshilfe Weimar/Apolda e. V. Zur primären Zielgruppe sind auch die BetreuerInnen und Angehörige der Menschen mit Beeinträchtigung zu zählen.

Insgesamt kann daher von ca. 180 Personen mit Beeinträchtigung in der primären Zielgruppe ausgegangen werden.

### 2.2.2 Sekundäre Zielgruppe

Die zweite Zielgruppe der Evaluation setzt sich aus den unmittelbaren Projektbeteiligten (im Folgenden „Fachkräfte“) sowie den mittelbaren Projektbeteiligten (im Folgenden „MultiplikatorInnen“) zusammen.

Zu den Fachkräften zählen die VertreterInnen der Verbände im Zusammenschluss der LIGA Thüringen, die ReferentInnen der Verbände im Bereich der Eingliederungshilfe, das Ligaprojektbüro, die für die Organisationsberatung im Projekt zuständige Firma Contec sowie die LeiterInnen und MitarbeiterInnen der drei Modellträger. Zu den MultiplikatorInnen sind das TMASGFF (Thüringer Ministerium für Arbeit, Soziales, Gesundheit, Frauen und Familie), kommunale Spitzenverbände, regionale Leistungsträger und alle weiteren beteiligten Akteure im Rahmen der Eingliederungshilfe in Thüringen zu zählen.

Insgesamt wurde vor Projektbeginn von etwa 500 Personen ausgegangen, die direkt und indirekt am Projekt beteiligt sind. Diese wurden aus methodischen Gründen für die standardisierte Befragung in vier Akteursgruppen unterteilt: Menschen mit Beeinträchtigung, Angehörige/BetreuerInnen, Fachkräfte und MultiplikatorInnen.

Als übergeordnete Ziele der Evaluation wurde formuliert, die Veränderung der Mitgestaltungsmöglichkeiten von Menschen mit Beeinträchtigung sowie die institutionellen und organisatorischen Veränderungen im Rahmen des Modellprojektes zu verfolgen und aufzuzeigen.

Vor diesen Hintergrundüberlegungen wurde ein modulares Evaluationskonzept mit vier Modulen entwickelt.

## 2.3 Grundstruktur der Evaluation

Das Evaluationskonzept soll in seinen vier Modulen im Folgenden kurz dargestellt werden:

| | | |
|---|---|---|
| Modul 1 | Nutzerbefragung | Experteninterviews, Fachtagsbefragung & Veranstaltungsevaluation, Begehungsprotokolle, Face-to-Face Interviews |
| Modul 2 | Multiplikatoren- und Fachkräftebefragung | Onlinebefragung in zwei Wellen |
| Modul 3 | Textanalyse | Textanalytische Auswertung aller maschinenlesbaren Texte |
| Modul 4 | Jährlicher Evaluationsworkshop | Jährlicher Evaluationsworkshop, Zwischen- und Abschlussbericht |

Tabelle 1 - Evaluationskonzept

Modul 1:

Modul 1 richtet sich an die primäre Zielgruppe der Evaluation. Es beinhaltet als wesentliche Komponente eine kontinuierliche und standardisierte NutzerInnenbefragung in Leichter Sprache, die im Rahmen aller im Projekt durchgeführten Seminare, Workshops und Fachtagen eingesetzt wird (Modul 1 - Komponente 2 = M1-K2). Zur Entwicklung und Bildung der hierfür notwendigen Indikatoren und des konkreten Fragenkatalogs wurden zunächst ExpertInneninterviews durchgeführt (M1-K1). Die Entwicklung des Instruments der kontinuierlichen und standardisierten Nutzerbefragung wurde im Anschluss vorgenommen.

Im Verlauf des ersten Projektjahres wurde Modul 1 um zwei weitere Komponenten erweitert: Um die Komponente der „Begehungsprotokolle", einem standardisierten Reflexionsfragebogen, der von den Mitarbeitenden des LIGA Projektbüros nach jedem Besuch einer Modelleinrichtung ausgefüllt wird (M1-K3), und um das Instrument leitfadengestützter Face-to-Face Befragungen in den einzelnen Modelleinrichtungen (M1-K4).

Modul 2:

Modul 2 richtet sich mit einem Onlinefragebogen an die sekundäre Zielgruppe der Evaluation, Fachkräfte und MultiplikatorInnen (M2). Ziel dieser Befragung ist es, deren Bewertung der Mitgestaltungsmöglichkeiten sowie der institutionellen und organisatorischen Veränderungen im Prozess zu erfahren. Die sekundäre Zielgruppe umfasst bis zu 300 Personen, weshalb auf eine möglichste breite, nicht personengebundene Befragungsmethode zurückgegriffen wurde. Das Instrument der Wahl war daher eine jährliche, standardisierte Onlinebefragung, die vorwiegend ordinalskalierte Ratingfragen mit ungerader Stufenzahl und offene Fragen enthält. Es wurde eine Teilnehmendenzahl von 100 Personen pro Welle (zwei Wellen innerhalb von zwei Jahren) angestrebt. Die Online-Befragung wird mit dem Programm „Typeform" durchgeführt. Sie ist somit auf allen Endgeräten bearbeit- und abrufbar.

Modul 3:

Modul 3 stellt eine kontinuierliche textanalytische Auswertung aller in maschinenlesbarem Text vorliegenden Ergebnisse der Arbeitsgremien und Workshops mit Hilfe der Software MAXQDA dar (M3). Hierzu gehören insbesondere Beiträge zur Selbstevaluation und Reflexion innerhalb des Projektes durch das Projektbüro, da die Ergebnisse der Arbeitsgremien und Workshops durch das LIGA Projektbüro dokumentiert und im Hinblick auf Zufriedenheit, Schaffung neuer Beteiligungsstrukturen, Nachhaltigkeit und Verbesserungsvorschläge ausgewertet werden. Konkret zählen hierzu auch: Berichtswesen anhand des Meilensteinplans (innerhalb der Prozessstrukturen und nach außen); Beschreibung der genutzten Partizipationsmöglichkeiten für Menschen mit Behinderungen und Erarbeitung eines Leitfadens zur Umsetzung der best-practice-Modelle (z. B. „Gelingende Partizipation von Menschen mit psychischen Behinderungen in Veränderungsprozessen“); Materialien in einfacher Sprache, z. B. „Wie kann ich mich beteiligen?“; Tagungsmaterialien; O-Töne von Tagungsteilnehmenden; Zusammenfassung der Erfahrungen und Formulierung in einem Handlungsleitfaden „Wie macht man Teilhabe“; Dokumentation der Ergebnisse der Arbeitsgremien und Workshops; vierteljährliche Berichte zu wesentlichen Ergebnissen zum jeweiligen Projektstand.

Modul 4:

Modul 4 beinhaltet die Verifikation der in Modul 1 bis 3 gewonnenen Daten und Dateninterpretationen im Rahmen eines jährlichen Workshops mit dem LIGA-Projektbüro und weiteren vom Auftraggeber benannten Personen sowie die Erstellung eines zur Veröffentlichung geeigneten wissenschaftlichen Abschlussberichts. Im Rahmen dieser formativen Evaluation können auch Adaptionen der Erhebungsinstrumente vorgenommen werden, ohne die Vergleichbarkeit in der Zeitreihe zu gefährden (bspw. durch die Integration zusätzlicher Fragen/Indikatoren). Der vorliegende Zwischenbericht war in der Planung der Evaluation nicht vorgesehen, er erschien uns aber zur Vorbereitung des Abschlussberichts eine gute Grundlage für die Diskussion mit ausgewählten Projekt-Akteuren und die öffentliche Kommunikation des Projektes.

## 2.4 Darlegung der angestrebten und erwarteten Wirkungen des Projekts

Zu Beginn des Projektes wurden folgende angestrebte und erwartete Wirkungen formuliert (siehe Anlage 1a in Tabellenform).

Angestrebte und erwartete Wirkungen auf der Ebene der Zielgruppe:

- *Die beteiligten Menschen mit Behinderungen sind informierter und verfügen über mehr Optionen im Hinblick auf eine selbst gestaltete Lebensführung*
- *Alle projektrelevanten Prozesse sind für Menschen mit Behinderungen zugänglich (prozessuale Barrierefreiheit) um Partizipation und Transparenz zu gewährleisten.*

- *Zusätzliche Fachtage für Menschen mit Behinderungen dienen dazu, ihnen mehr Informationen zu rechtlichen und sozialpolitischen Fragen und Entwicklungen zur Verfügung zu stellen und Raum für Diskussion zu bieten.*
- *Es werden praktische Erkenntnisse gewonnen, wie Beratung für Menschen mit Behinderungen effektiv und barrierearm gestaltet werden kann und im Handlungsleitfaden „Wie macht man Teilhabe?" dokumentiert.*

Angestrebte und erwartete Wirkungen auf der Ebene des Leistungserbringers/Personals

- *Notwendige Schritte der Organisations- und Personalentwicklung und ggf. des Immobilienmanagements sind bekannt, Controlling-Systeme werden angepasst, das Risiko-Management wird verbessert.*
- *Neue Berufsprofile und veränderte Anforderungen zur Unterstützung und Beschreibung personenzentrierter Leistungen (z.B. Case-, Netz- und Teilhabemanagement) sind identifiziert und die benötigten Ressourcen und Kompetenzen beispielhaft dargestellt.*
- *Neue Formen und Finanzierungslogiken personenzentrierter Hilfen sind erarbeitet.*
- *Die Anforderungen des neuen Bundesteilhabegesetzes sind berücksichtigt.*

Angestrebte und erwartete Wirkungen auf der Ebene der Angehörigen und/oder gesetzlichen BetreuerInnen

- *Angehörige und gesetzliche BetreuerInnen haben größeres Vertrauen in Entscheidungen der Menschen mit Behinderungen und unterstützen aktiver deren selbstgewählten Ziele.*
- *Sie unterstützen die Um- und Neugestaltung der Angebote, ihre Skepsis im Hinblick auf Leistungslücken ist zerstreut.*

Angestrebte und erwartete Wirkungen auf gesellschaftlicher Ebene

- *Der aktive Einbezug von Menschen mit Behinderungen, deren VertreterInnen, Angehörige, BetreuerInnen sowie VertreterInnen von Interessen- und Fachverbänden von Menschen mit Behinderungen wird dauerhaft etabliert und gesichert. Unabhängig von diesem Projekt und über die Eingliederungshilfe hinaus werden Impulse für mehr Teilhabe von Menschen im Gemeinwesen gegeben.*
- *Die Unterstützung zur Bereitstellung personenzentrierter Hilfen und ihres Ausbaus, wie z.B. barrierefreier Wohnraum, inklusive Bildungs- und Freizeitangebote, Verbesserung des ÖPNV (Mobilitätsverbesserung), differenzierte Angebote für Arbeit und Beschäftigung ist aktiviert.*

- *Eine Überprüfung der Curricula von Fachschulen (HEP, ErzieherInnen) wird angeregt, um die Ausbildung neuer Assistenzberufe auf dem Hintergrund personenzentrierter Hilfen zu initiieren (die/der AssistentIn als „TeilhabemanagerIn")*

An dieser Stelle soll erneut an die für die Evaluation zur Verfügung stehenden Ressourcen erinnert werden, sie sind mit 22 Personentagen in einem Zeitraum von 3 Jahren äußerst knapp bemessen (siehe Anlage 1b).

# 3 Die Module der Evaluation

## 3.1 Modul 1

Die in Modul 1 verankerte NutzerInnenbefragung fußt auf mittlerweile vier Komponenten: ExpertInneninterviews mit MultiplikatorInnen aus dem Bereich der Behindertenhilfe, einem auf Fachtagen anzuwendenden standardisierten Fragebogen, Begehungsprotokollen von Besuchen der Modelleinrichtung und einer Face-to-Face Befragung von, zum Teil mittlerweile ehemaligen, BewohnerInnen der Modelleinrichtungen. Wurde zu Beginn noch von zehn zu berechnenden Personentagen für das Modul 1 und ausschließlicher Arbeit im Home-Office ausgegangen, so sind *mittlerweile insbesondere aufgrund der Ergänzung des Methodenkanons durch Komponente 4 – der Face-to-Face Befragung* – auch Präsenztage in den Modelleinrichtungen notwendig geworden.

### 3.1.1 Modul 1 – Komponente 1

Zur Bildung der Fragebogenindikatoren für die Fachtagsbefragungen wurden 4-5 ExpertInneninterviews eingeplant, um zu Beginn einen Einblick in die aktuellen und gewünschten Entwicklungen im Bereich der Behindertenhilfe zu gewinnen.

Der dafür entwickelte Interviewleitfaden umfasste 15 Fragen untergliedert in das allgemeine Themenfeld der „Inklusion und Eingliederungshilfe“, die Kategorie der „Mitgestaltung von Menschen mit Behinderungen“ und der „institutionellen oder organisatorischen Veränderungen“ im Bereich der Behindertenhilfe (siehe Anlage 2). Die Interviews wurden auf eine Dauer von 30 Minuten ausgelegt. Interviewt wurden insgesamt sechs Personen aus den Leitungsebenen der Modellträger, der LIGA der Freien Wohlfahrtspflege sowie dem TMASGFF. Die Interviews entstanden zwischen Mitte Oktober und Anfang November 2017. Sie wurden aufgenommen und in Teilen transkribiert.

Den aktuellen Zustand der klassischen Angebote der stationären und teilstationären Eingliederungshilfe beschrieben die Interviewten als einschränkend, als Fürsorgesystem, als Betreuung anstelle von Assistenz aber auch als bereits in Teilen personenzentriert und nicht unbedingt schlecht ausgestaltet (Frage 2).

Als entwicklungsbedürftige Bereiche benannten die Interviewten Wohnen (x3), Arbeit (x2), Stadt- und Sozialraumentwicklung (x2), Personalkonzept (x2), Bildung, Differenzierung der Angebote, Haltung der Mitarbeitenden sowie Kommunikation und Mobilität (Frage 3).

Über Kenntnisse zum Vorläuferprojekt „Wie misst man Teilhabe in der Eingliederungshilfe?" (Gromann/Brückner 2014) verfügten nur zwei der sechs befragten Personen. Jedoch kannten drei der Befragten die aus diesem Projekt entstandene „Teilhabekiste" zur Feststellung der Teilhabe von Menschen mit Beeinträchtigung. Dies zeugt von einer recht geringen Reichweite des Vorprojektes. Die Mehrheit der Befragten hatten die Ergebnisse und Projektidee des Vorprojektes nicht mehr im Sinn (Frage 4). Dies könnte sich in Bezug auf die angestrebte Messung erreichter Teilhabemöglichkeiten im jetzigen Projekt nachteilig auswirken.

Im Hinblick auf notwendigen Maßnahmen und zum Einbezug der Menschen mit Beeinträchtigungen braucht es, den interviewten ExpertInnen zufolge, insbesondere Zeit und ausreichend Informationen für die Menschen mit Beeinträchtigungen. Es gilt gewohnte Kommunikation neu zu denken, die Menschen mit Beeinträchtigung über die bisherig agierenden Räte hinaus sprachfähig zu machen und über ihre Rechte und Möglichkeiten aufzuklären (Frage 5). Jedoch wurde auch geäußert, dass sich beispielsweise die Zusammenarbeit mit den Räten zweitweise als schwierig erweise, da hierbei häufig der „Blick fürs Ganze" fehle.

In den Interviews kommt immer wieder die Bedeutung des Sozialraums für den anstehenden Veränderungsprozess zur Sprache: zur gelungenen personenzentrierten Arbeit braucht es eine Öffnung der Angebotsstruktur in den umliegenden städtischen oder ländlichen geprägten Sozialraum (insb. Fragen 1, 6 und 7). Dies ermöglicht zugleich die Inklusion in beispielsweise gesellschaftliche Freizeitgestaltung und vervielfältigt, und das ist hier der wesentliche Aspekt, die Angebotsspanne für die Menschen mit Beeinträchtigung grundlegend. Zugleich stellen sich einige Fragen: Wird hier nicht von den ExpertInnen das als Problem in der Projektumsetzung benannt, was überwunden werden soll? Gilt es nicht, genau diese „Lücke", diesen „Blick fürs Ganze" erst zu schaffen, Möglichkeiten zu entwickeln dies zu kompensieren? Ist es nicht die Arbeit der Fachkräfte und aller anderen Beteiligten hierfür Raum und Verständnis zu erzeugen?

Auch eine Umstrukturierung im Bereich des Personalmanagements wird häufig als Schlüsselelement zur gelungenen Umstrukturierung der Eingliederungshilfe benannt. So gelte es insbesondere die Haltung der Mitarbeitenden weg von Fürsorgegedanken und hin zur unterstützenden Selbstbestimmung zu entwickeln. Betreuung ist in persönliche Assistenzleistungen zu übersetzen.

Risiken und Barrieren des Projektes werden insbesondere in den Bereichen der Finanzierung, der Genehmigung von Assistenzleistungen, der Kommunikation sowie persönlicher Ängste und Überforderung der Beteiligten gesehen (Frage 8 und 12). Auch die Sorge um ein unzureichendes Erwartungsmanagement wurde geäußert. Dieses könne dazu führen, dass der zeitintensive Einbezug von Menschen mit Beeinträchtigung zu top-down Entscheidungen führe.

Die Frage, wo überall ein Einbezug von Menschen mit Beeinträchtigung möglich wäre, führte zu sehr unterschiedlichen Antworten: Drei der Befragten gaben an, dass dies überall möglich sei, während zwei erörterten, dass die teilweise notwendigen Fachkenntnisse (etwa bei Büroumgestaltungen) einen Einbezug erschwerten. Zudem gelte es, Überforderung zu vermeiden. Eine der befragten Personen äußerte, dass es in der aktuellen Situation und Struktur generell schwierig sei.

Das Thema Zeit und Geld – Zeit ist Geld. Die Befragten gehen einheitlich davon aus, dass das Gelingen dieses Umstrukturierungsprozesses im Wesentlichen von der ihm zugestandenen Zeit abhängt. Jedoch gehen die Befragten bereits zu Beginn davon aus, dass es hierfür an Geld, insbesondere in Form von Personalarbeitszeit, und an Investitionsvertrauen mangeln wird.

Als Herausforderung und institutioneller Entwicklungsbedarfe unter den Trägern wurde insbesondere die Kommunikation, die Offenheit und das Vertrauen zwischen der Führungsebene und den Mitarbeitenden thematisiert (Frage 10 und 11). Die Befragten sehen in dem Projekt die Chance auf Selbstbestimmung für die Menschen mit Beeinträchtigung und damit einen Paradigmenwechsel hin zu gelebter Inklusion (Frage 12). Von den Projektveranstaltungen wird erwartet, als Sprachrohr zu dienen, Möglichkeit für einen offenen Austausch zu bieten und unterstützend zu wirken (Frage 13).

Den ExpertInnen zufolge soll nach Abschluss des Projektes eine Wirkung, wie etwa eine Selbstbewusstseinssteigerung unter den Menschen mit Beeinträchtigung, auszumachen sein und eine Erkenntnis darüber gewonnen worden sein, wie Teilhabe tatsächlich realisiert werden kann. Sie wünschen sich insbesondere einen Leitfaden, der das Erfahrene dokumentiert und anstehenden Veränderungsprozessen in anderen Einrichtungen den Weg zu weisen vermag (Frage 14 und 15).

Die Erwartungen an die Leistungen des Projektes vor dem Hintergrund der Änderungen durch das BTHG sind wesentlich. Die ExpertInnen gehen davon aus, dass das Projekt auch hierfür als eine Hilfestellung dienen kann.

Die ExpertInneninterviews als Instrument der Indikatorenentwicklung:

Vor dem Hintergrund der ExpertInneninterviews wurden Indikatoren zur Wirkungsanalyse entworfen, die sowohl in Modul 1 (standardisierte Teilnehmendenbefragung) als auch in Modul 2 (MultiplikatorInnen- und Fachkräftebefragung) zum Tragen kommen.

So wurde als erster Indikator der Wirkungsanalyse des Projektes die Entwicklung personenzentrierter Angebote in den Bereichen *Wohnen, Arbeit und Freizeit* festgelegt. Als zweiter Indikator wurde die Nutzung wie auch die aktive Einbringung/Mitwirkung der Menschen mit Beeinträchtigung bei den im Rahmen des Projekts angebotenen Veranstaltungen definiert. Der dritte Indikator soll das Maß der Umsetzung der im Projekt notwendigen Veränderungsprozesse in den Bereichen Konzeptentwicklung, Organisationsentwicklung und Personalentwicklung erfassen. Weiterhin erfasst der vierte Indikator die Art und Weise des Informationsaustauschs unter den Projektbeteiligten. Abschließend soll der fünfte Indikator erfassen, inwieweit die Modelleinrichtungen bei der Bewältigung der finanziellen Herausforderungen unterstützt werden, die das Projekt mit sich bringt.

Zusätzlich wurden die folgenden Punkte als explizite Indikatoren zur Wirkungsanalyse festgelegt:

1. Entwicklung eines Leitfadens, der auf andere Projekte übertragen werden kann (zur Umsetzung des BTHG).
2. Konkrete Ziele, die Menschen mit Behinderungen während des Projektes erreichen konnten
3. Anzahl der Menschen mit Behinderungen, die während der verschiedenen Phasen des Projektes teilhaben konnten.
4. Anzahl der neuen, differenzierteren und individuellen Angebote, die während des Projektes geschaffen wurden.
5. Konkrete Veränderungen der Angebote für Menschen mit Behinderungen, die diese am Ende des Projektes erlebt haben.

6. Grad der Flexibilität, der den Menschen mit Behinderungen bei der Auswahl der Wohnformen gegeben wurde.
7. Grad der Flexibilität, der den Menschen mit Behinderungen bei der Auswahl der Arbeitsarten gegeben wurde.
8. Konkrete Hemmnisse, die das Projekt geholfen hat abzubauen.
9. Grad der Verbindung des Projektes mit anderen relevanten Projekten.
10. Anzahl der Veranstaltungen (Workshops, Schulungen), die während des Projektes stattgefunden haben, um verschiedene Akteure (Führungsebene/Fachkräften/Trägern) auf die Veränderungen des Angebotes vorzubereiten.

Als eine weitere Informationsbasis für die Instrumentenentwicklung erwies sich der „Thüringer Maßnahmenplan zur Umsetzung der UN-Behindertenrechtskonvention" als hilfreich, der seit 2019 in einer „Version 2.0" vorliegt (TMASGFF 2019).

### 3.1.2 Modul 1 – Komponente 2

Die in Komponente 2 durchgeführte standardisierte NutzerInnenbefragung basiert auf der Notwendigkeit der Produktion vergleichbarer Datensätze über den gesamten Projektzeitraum hinweg. Befragt werden sollten alle Teilnehmenden der Fachtage: Menschen mit Beeinträchtigung, MitarbeiterInnen, persönliche AssistentInnen, Angehörige. Der Fragebogen richtet sich somit sowohl an die primäre als auch an die sekundäre Zielgruppe der Evaluation.

Der in diesem Modul angewandte Fragebogen musste den Anspruch einer wiederholten, standardisierten Einsetzbarkeit ohne technischen Aufwand mit einem zugleich möglichst hohen Output an verwertbaren Fragebögen erfüllen. Gewählt wurde ein in Leichter Sprache formulierter Fragebogen, der sich an alle Projektbeteiligten zugleich richtete.

Aufgrund der Ausrichtung der Modelleinrichtungen und der hohen Anzahl von Menschen mit geistigen und physischen Beeinträchtigungen entstand ohnehin von Beginn an ein erhöhter Bedarf an Schriftstücken in Leichter Sprache. Das Evaluationsteam entschied sich in Abstimmung mit dem LIGA-Projektbüro für <u>einen</u> Fragebogen, der für eine möglichst hohe Zahl von Projektbeteiligten ausfüllbar war, wenngleich auch hier davon ausgegangen werden musste, dass bestimmte Defizite im Bereich des Lesens, Schreibens und allgemeinen Textverständnisses durch direkte Begleitung im Bearbeitungsprozess auszugleichen waren. Die Übersetzung des entworfenen Fragebogens in Leichte Sprache wurde durch das Projektbüro der LIGA sichergestellt.

Der schließlich eingesetzte standardisierte pencil-Fragebogen wurde damit inklusiv angelegt und richtete sich, im Gegensatz zu den bei der Infas-Studie verwendeten Ansätzen (infas 2018), den Defiziten zum Trotz an alle Veranstaltungsteilnehmenden gleichermaßen. Diese kontinuierliche und standardisierte Teilnehmendenbefragung in Leichter Sprache wurde bisher auf drei Fachtagen für Menschen mit Beeinträchtigungen, einem für Fachkräfte in der Behindertenhilfe und einer Veranstaltung auf dem Bodelschwinghhof Mechterstedt eingesetzt. Insgesamt konnten bisher so 162 auswertbare Fragebögen gewonnen werden.

Erwartet wurde hier ein Rücklauf von 1.500 Fragebögen innerhalb von drei Jahren. Nachdem nun bereits über der Hälfte der Projektlaufzeit vergangen ist, ist eine große Diskrepanz zwischen erwarteter und tatsächlicher Teilnahme an den Veranstaltungen und auch der Befragungsrücklaufquote festzustellen. Die Ausgabe der Fragebögen wie auch die Eingabe des Rohdatenmaterials erfolgte, wie vertraglich vorgesehen, durch das Projektbüro der LIGA.

Der Fragebogen setzt sich vorwiegend aus ordinalskalierten Ratingfragen in ungerader Stufenzahl, mit der zusätzlichen Antwortmöglichkeit „weiß nicht“ und offenen Fragefeldern zusammen, die insbesondere bei wiederholter Teilnahme Anreize bieten sollten.

Der erste Einsatz des Fragebogens, der 29 Fragen umfasste, erfolgte im März 2018. Er gliederte sich in allgemeine Fragen zur vergangenen Veranstaltung, in Fragen zu den Themengebieten des Wohnens, der Arbeit und der Freizeit sowie in Fragen zu der jeweiligen Einrichtung.

Rückmeldungen auf den ersten Fragebogeneinsatz

Nach dem ersten Einsatz des Fragebogens gab es sehr unterschiedliche Rückmeldungen. So wurden viele Aspekte am eingesetzten Fragebogen kritisiert: Trotz des Einsatzes von Formulierungen, die durch das Büro in Leichter Sprache entwickelt worden waren, war der Fragebogen weiterhin schwer verständlich. Mit einer Länge von 29 Fragen überschritt er die Ausdauer der meisten Teilnehmenden bei weitem. Zudem löste er insbesondere bei den Fachkräften und anderen Beteiligten Verwirrung aus, da die Formulierungen in Leichter Sprache zu viel „Interpretationsspielraum“ offenließen.

Nach der Zusammenstellung der ersten Ergebnisse waren, wie bereits erwartet, die Schwächen der hier angewandten standardisierten Methode offen erkennbar: Nicht nur wurden hier bewusst konkrete Lebenslagen außen vor gelassen, es können außerdem, insbesondere bei einem Fragebogen dieser Länge – und das ist wohl die wesentlichste Schwäche – die individuellen Bedürfnisse und Bedarfe der befragten Personen während einer Befragung nicht aufgefangen werden, wie es bei einem kürzerem Fragebogen der Fall gewesen wäre.

Schlussfolgerungen aus dem ersten Fragebogeneinsatz

Nach diesen ersten Rückmeldungen wurde beschlossen, den Fragebogen zwar zu kürzen, ihn jedoch nicht zu verwerfen. Die Anzahl der Fragen wurde auf 13 herabgesetzt (siehe Anlage 3). In diesem Zuge wurden die komplexeren Themengebiete (Wohnen, Arbeit, Freizeit) aus der Befragung herausgenommen. Die gestrichenen Fragen wurden für die Gestaltung der Interviewleitfaden für die Face-to-Face Interviews als Vorlage verwandt und damit nicht aus dem Methodenkanon gestrichen.

Auf die Stärke dieser Methode, die eine aggregierte Betrachtung der Antwortverhalten zulässt und so Konturen zu erkennen gibt, die ansonsten verborgen bleiben, kann hier nicht verzichtet werden. Eine solche repräsentative, standardisierte Befragung gibt über Verläufe substanzielle Aussagen.

Der Längenproblematik und der mangelnden Unterstützungsmöglichkeit während der Evaluation konnte durch eine Kürzung des Fragebogens begegnet werden. Die ursprünglich eingeplante 20-minütige Evaluationszeitspanne auf der Veranstaltung blieb erhalten und ermöglicht es den betreuenden Personen, falls notwendig, zwei Personen in Folge bei der Beantwortung Unterstützung zu leisten.

Der Mehrdeutigkeit und somit der Unverständlichkeit der in Leichter Sprache formulierten Fragen wurde begegnet, indem verstärkt Beispiele oder Erläuterungen in einem separaten Kästchen eingefügt wurden, die die Ausrichtung der Frage verdeutlichen. Beispielsweise:

Frage 4: Haben Sie alles verstanden?

| Zum Beispiel:<br>War der Redner laut genug?<br>Hat jemand zu schwere Wörter benutzt?<br>Konnten Sie alles erkennen? |
|---|

Dieses Konzept hat sich bisher bewährt und wurde in dieser Form auf allen übrigen Fachtagen angewandt.

Auswertung / Ergebnisse:

| Termin | Veranstaltung | Angewandter Fragebogen | TN | Verwertb. FB | Rücklauf % |
|---|---|---|---|---|---|
| 16.03.2018 | 1. Fachtag für Menschen mit Beeinträchtigung | Version 1 (29 Fragen) | | 32 | |
| 26.04.2018 | Bodelschwinghhof Mechterstedt - ? | Version 1 (29 Fragen) -gekürzt auf 15 Fragen | | 18 | |
| 15.06.2018 | 2. Fachtag für Menschen mit Beeinträchtigung | Version 2 (13 Fragen) | | 26 | |
| 16.11.2018 | Fachtag für Fachkräfte im Bereich der Behindertenhilfe | Version 2 (13 Fragen) | | 52 | |
| 30.11.2018 | 3. Fachtag für Menschen mit Beeinträchtigung | Version 2 (13 Fragen) | | 34 | |

Tabelle 2: M1-K2 Termine der Veranstaltungsbefragungen

Die Fragebogenfassung mit 29 Fragen wurde nur auf dem ersten Fachtag für Menschen mit Beeinträchtigung und verkürzt bei einer Veranstaltung auf dem Bodelschwinghof Mechterstedt eingesetzt. Die Auswertung orientiert sich daher an der nun primär verwendeten, verkürzten Fragebogenfassung (Anlage 3).

Der finale Fragebogen umfasst im Wesentlichen Fragen zur konkreten Veranstaltung, in deren Anschluss die Befragung durchgeführt wurde. Durch die unterschiedlichen Settings, in denen das Instrument des quantitativen Fragebogens angewandt wurde sowie durch die unterschiedliche Einbindung der Personengruppen in das Projekt wurde es nötig, die Fragebögen auch getrennt nach Veranstaltungsart auszuwerten: So können 92 Fragebögen aus drei Fachtagen für Menschen mit Beeinträchtigung, 52 Fragebögen der Fachtage für Fachkräfte und 18 Fragebögen einer Befragung in einer Modelleinrichtung untersucht werden.

Fachtage für Menschen mit Beeinträchtigung:

Auf den Info-Tagen für Menschen mit Beeinträchtigung konnten 92 verwertbare Fragebögen erhoben werden. 32 davon lassen sich jedoch in der folgenden Auswertung nur begrenzt auswerten (nur Frage 1-9), da die Fragen 10 bis 13 in der am 16.03.2018 angewandten Version andere Formulierungen enthalten und somit nicht zuverlässig mit den Fragen 10-13 der neuen Version vergleichbar sind.

Das durchschnittliche Alter der 92 Befragten lag bei 41,9 Jahren (Frage 1). 50% der Befragten ordneten sich dem weiblichen, 49% dem männlichen und 1% diversem Geschlecht zu (Frage 2). Die Struktur der Befragten setzt sich wie folgt zusammen: 70,6% der Befragten gaben an Menschen mit Beeinträchtigung zu sein, 21,7% Mitarbeitende, 2,1% persönliche AssistentInnen und 5,4% gaben zu dieser dritten Frage keine Antwort ab (Frage 3).

Quelle: Eigene Erhebung (n=92).

Abbildung 1 – M1.K2.F3: Zusammensetzung Befragte.

Verständlichkeit und Struktur der angebotenen Fachtage für Menschen mit Beeinträchtigung

Die Fachtage wurden mit 78% Zustimmung als verständlich bewertet. Nur knapp 1% der Befragten bewertete die Verständlichkeit des Fachtags als negativ (Frage 4, Abbildung 2). Zudem beurteilten 91% der Befragten die Organisation des Fachtags mit gut (ja=gut organisiert) (Frage 6, Abbildung 3). Auch die Gesamtbewertung der Fachtage fällt eindeutig positiv aus: 98% der Befragten hat die Veranstaltungen gefallen (Frage 9).

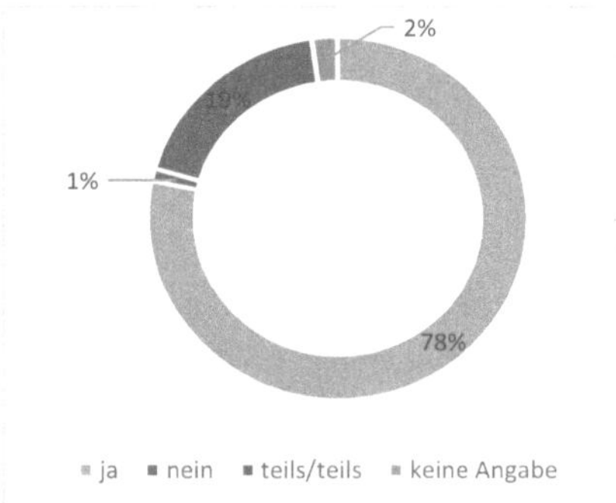


Quelle: Eigene Erhebung (n=92).

Abbildung 2 – M1.K2.F4: Verständlichkeit des Fachtags.

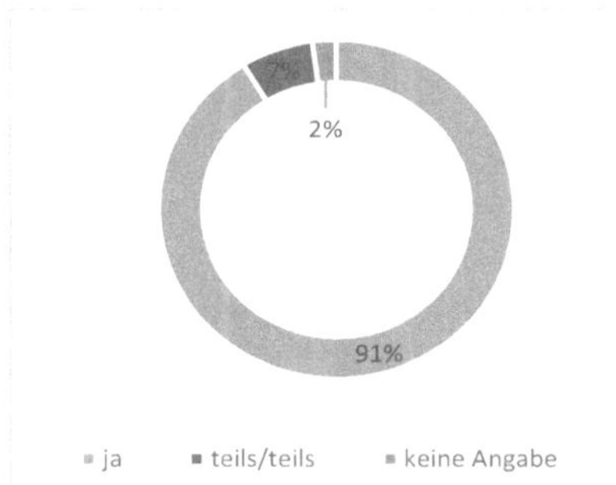


Quelle: Eigene Erhebung (n=92).

Abbildung 3 – m1.K2.F6: Organisation des Fachtags

Zugänglichkeit/Barrierefreiheit:

Entgegen der allgemeinen Bewertung der Fachtage fiel insbesondere die Frage der Barrierefreiheit und speziell die Frage nach dem Angebot zusätzlicher Hilfen zur Unterstützung bei besonderen Bedarfen überraschend aus.

77% der Befragten gaben an, dass die Veranstaltung barrierefrei war (Frage 7, Abbildung 4). Hierbei ist insbesondere die unterschiedliche Bewertung der Barrierefreiheit von Menschen mit Beeinträchtigung gegenüber der der Mitarbeitenden auffallend (siehe Tabelle 3).

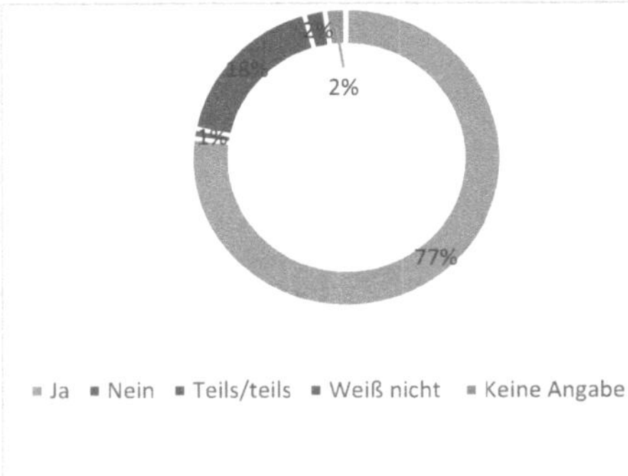


Quelle: Eigene Erhebung (n=92).
Abbildung 4 – M1.K2.F7: War die Veranstaltung barrierefrei?

So gaben 80% der Menschen mit Beeinträchtigung an, dass die Veranstaltung barrierefrei war, während dem nur 65% der Mitarbeitenden zustimmten (Tabelle 3).

| ***F7: War die Veranstaltung barrierefrei?*** | *Menschen mit Beeinträchtigung* | *Mitarbeitende* |
|---|---|---|
| *ja* | *80%* | *65%* |
| *teils/teils* | *15%* | *25%* |
| *nein* | *1,5%* | *0%* |
| *weiß nicht* | *1,5%* | *5%* |
| *keine Angabe* | *1,5%* | *5%* |

Quelle: Eigene Erhebung (n=92).
Tabelle 3 – M1.K2.F7: War die Veranstaltung barrierefrei?

Insbesondere die MitarbeiterInnen sahen die Barrierefreiheit der Veranstaltung kritisch. Dies ist vor dem Hintergrund, dass alle Veranstaltung in baulich barrierefreien Räumen stattfanden, eine zu berücksichtigende Wertung. Ein Kommentar der Befragten zu dieser Frage lautete:

*„Barrierefreiheit für psych.[-isch] beh.[-inderte] Menschen. Was ist das?"* (Fragebogen 49, Fachtag für Fachkräfte 2018-11). Unter Barrierefreiheit wird hier insbesondere von den Fachkräften mehr erwartet als die rein bauliche Gestaltung.

Eine Maßnahme zur barrierefreien Teilnahme an Fachtagen stellt die Nutzung der Leichten Sprache dar. Diese wurde sowohl in den Einladungen, den ausliegenden Schriftstücken und den Evaluationsbögen angewandt. Dennoch geben insgesamt lediglich 62% der befragten Personen an, dass es zur Veranstaltung ausreichend Informationen in Leichter Sprache gegeben hat (Frage 10). 28% sehen Leichte Sprache in Teilen ausreichend gesichert, während 2% dies verneinen. Auch hierin wird erneut eine Diskrepanz zwischen der Einschätzung der Mitarbeitenden und der Menschen mit Beeinträchtigung deutlich, möglicherweise ist dies auch eine Art Pluralismus-Problem unterschiedlicher (subjektiver) Sichtweisen.

| ***F10: Gab es zu der Veranstaltung ausreichend Informationen in Leichter Sprache?*** | *Menschen mit Beeinträchtigung* | *Mitarbeitende* |
|---|---|---|
| *ja* | *61,9%* | *50%* |
| *teils/teils* | *26,1%* | *41,6%* |
| *nein* | *2,3%* | *0%* |
| *weiß nicht* | *4,7%* | *0%* |
| *keine Angabe* | *4,7%* | *8,3%* |

Quelle: Eigene Erhebung (n=92).

Tabelle 4 – M1.K2.F10: Gab es zu der Veranstaltung ausreichend Informationen in Leichter Sprache?

Da in den ausgehändigten Schriftstücken ausschließlich Leichte Sprache angewandt wurde, kann ein Mangel an Leichter Sprache in Bezug auf die Veranstaltung wohl nur während der Vorträge und Gesprächsrunden, wie auch den Folien der Vortragenden aufgetreten sein.

Die größte Differenz zwischen den Antworten der Menschen mit Beeinträchtigung und der Mitarbeitenden offenbart sich jedoch im Antwortverhalten auf die Frage 11: *Konnten Sie sagen, dass Sie besondere Hilfe brauchen?*

Durch die an alle gerichtete Formulierung mussten sich die Mitarbeitenden zur Beantwortung der Frage in die Rolle ihrer KlientInnen versetzen. Zwar enthielt sich knapp ein Viertel der befragten Mitarbeitenden, doch antworteten 66% der Mitarbeitenden mit „ja, Hilfe konnte geäußert werden", während dies nur 52% der Menschen mit Beeinträchtigung äußerten.

| ***F11: Konnten Sie sagen, dass Sie besondere Hilfe brauchen?*** | *Menschen mit Beeinträchtigung* | *Mitarbeitende* |
|---|---|---|
| *ja* | *52,3%* | *66,6%* |
| *teils/teils* | *16,6%* | *8,3%* |
| *nein* | *11,9%* | *0%* |
| *weiß nicht* | *11,9%* | *8,3%* |
| *keine Angabe* | *7,4%* | *16,6%* |

Quelle: Eigene Erhebung (n=92).

Tabelle 5 – M1.K2.F11: Konnten Sie sagen, dass Sie besondere Hilfe brauchen?

Mitarbeitende und Menschen mit Beeinträchtigung haben die Angebote für zusätzliche Hilfen sehr unterschiedlich wahrgenommen.

Die Tatsache, dass auf einer Veranstaltung für Menschen mit Beeinträchtigung von Mitarbeitenden und insbesondere von Menschen mit Beeinträchtigung die Barrierefreiheit nur zu 77% als gegeben angesehen wird, 61,6% Leichte Sprache als ausreichend verwendet und die Frage nach der Äußerung zusätzlicher Hilfebedarfe von lediglich 56,6% der Befragten als möglich betrachtet wurde, legt zunächst kein besonders gutes Zeugnis für eine Veranstaltungsreihe für Menschen mit Beeinträchtigung ab. Für zukünftige Veranstaltungen gilt es daher, die mündlichen Formulierungen vor dem Hintergrund leichter Sprache zu wählen und direkter nach zusätzlichen Bedarfen und Unterstützungsmöglichkeiten zu fragen.

Zwar kann nicht jede Form der Beeinträchtigung vollständig aufgefangen werden. Aber das Gefühl für den Versuch des Auffangens zu vermitteln erscheint den Beteiligten wichtig. Denkbar wäre beispielsweise mehr Leichte Sprache, auf Folien und in den Vorträgen, mehr Rückfragen erlauben, mehr 1zu1 Betreuung.

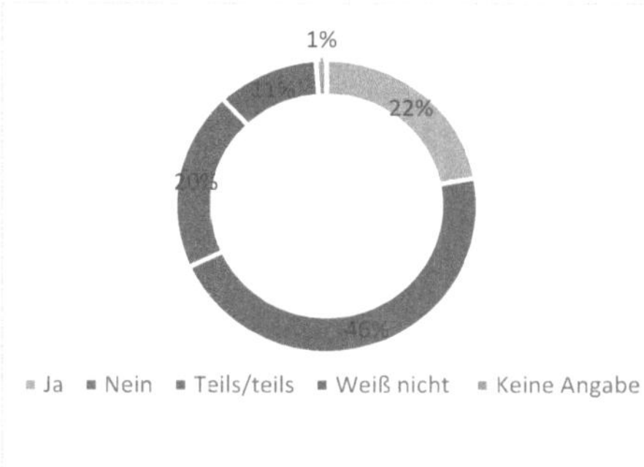


Quelle: Eigene Erhebung (n=92).

Abbildung 5 – M1.K2.F8: Haben Themen gefehlt?

Thematisch fehlte 46% der Befragten nichts (Frage 8).

Hierbei ist die unterschiedliche Bewertung der Themenwahl auf die einzelnen Fachtage von Interesse. Das Antwortverhalten zum zweiten Fachtag polarisierte am stärksten: 61% haben keine Themen gefehlt, während 31% Themen auf dem zweiten Fachtag vermissten (vgl. Tabelle 6).

| | **1. Fachtag** | **2. Fachtag** |
|---|---|---|
| **Ja** | 17% | 31% |
| **Nein** | 36% | 61% |
| **Teils/ teils** | 27% | 4% |
| **Weiß nicht** | 20% | 4% |
| **Keine Angabe** | 0% | 0 |

Quelle: Eigene Erhebung (n=92).

Tabelle 6 – M1.K2.F8: Haben Themen gefehlt?

<u>Teilnahme an der Veranstaltung/Beteiligungsmöglichkeiten:</u>

Die Beteiligungsmöglichkeiten auf den Veranstaltungen wurden mit den Fragen 5 (Konnten Sie sich äußern?) und Frage 12 (Konnten Sie aktiv bei der Veranstaltung mitmachen?) abgefragt.

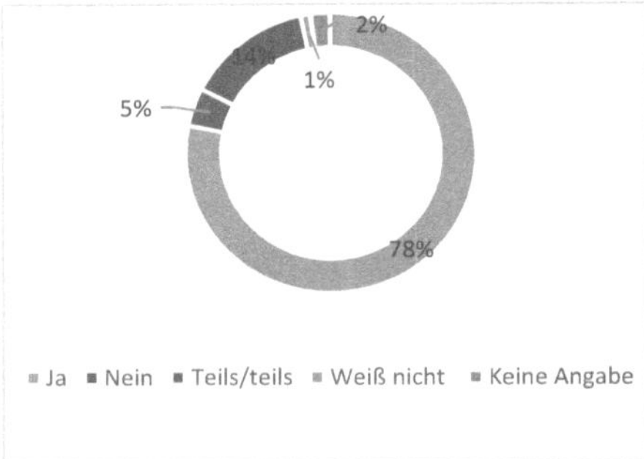


Quelle: Eigene Erhebung (n=92).

Abbildung 6 – M1.K2.F5: Konnten Sie sich äußern?

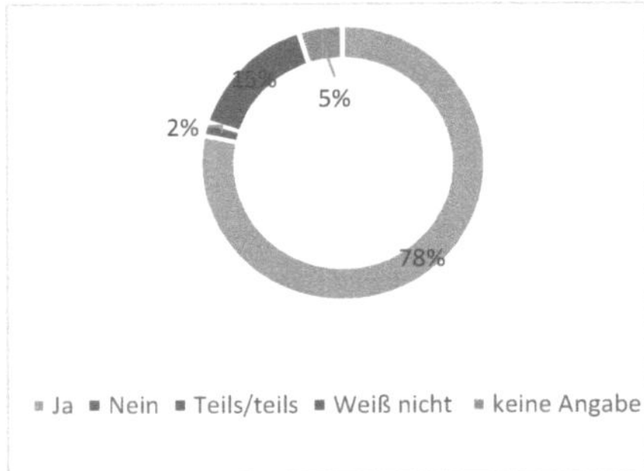


Quelle: Eigene Erhebung (n=92).

Abbildung 7 – M1.K2.F12: Konnten Sie aktiv bei der Veranstaltung mitmachen?

Jeweils 78% der Befragten gaben an, dass sie aktiv an der Veranstaltung teilnehmen konnten.

Auf die einzige offene Frage antworteten nur 27% der Befragten: *Was hätte es leichter gemacht, bei der Veranstaltung mit zu machen*? (Frage 13). Mit nur 27% Rückmeldung auf die offene Frage hat der geplante Effekt zur individuellen Rückmeldung sein Ziel verfehlt. Dennoch können aus den vorhandenen Rückmeldungen wesentliche Erkenntnisse gewonnen werden.

Hierbei wurde neben dem Wunsch nach mehr Leichter Sprache (3x) vorwiegend auf Zeitknappheit verwiesen (3x) und der Wunsch geäußert, mehr Raum für Einzelheiten und die individuellen Wünsche zu bieten.

Auswertung Fachtag für Fachkräfte:

Der Fachtag für Fachkräfte im Bereich der Behindertenhilfe am 16.11.2018 an der Fachhochschule Erfurt wurde von den Teilnehmenden sehr positiv bewertet. 88% fanden die Veranstaltung gut organisiert (Frage 6) und 87% hat die Veranstaltung insgesamt gut gefallen (Frage 9). Auch die Themenwahl ließ nur bei 8% konkrete Wünsche offen, während 27% Themen fehlten (Frage 8).

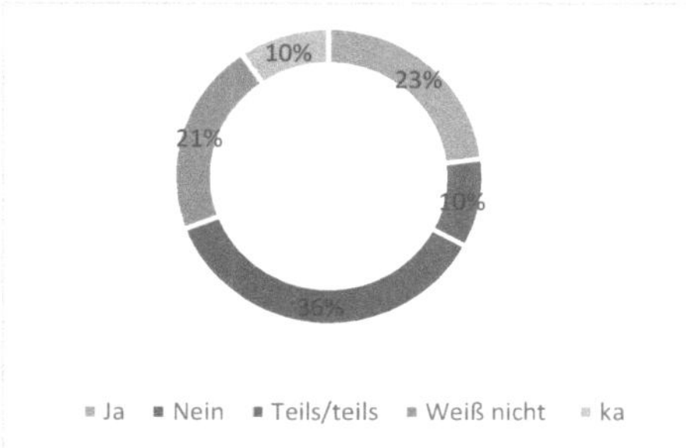


Unter den 52 Befragten befanden sich nur vier Menschen mit Beeinträchtigung (8%) (Frage 3).

Nur 23% der Befragten geben an, dass es zur Veranstaltung ausreichend Informationen in Leichter Sprache gab (Frage 10).

Quelle: Eigene Erhebung (n=92).

Abbildung 8 – M1.K2.F10: Gab es zu der Veranstaltung ausreichend Informationen in Leichter Sprache?

Zwar handelte es sich bei dieser Veranstaltung explizit um eine Veranstaltung für Fachkräfte und MultiplikatorInnen, jedoch ist diese Einschätzung innerhalb eines Projektes, das die Teilhabe der Menschen mit Beeinträchtigung in jedweder Lebenssituation fördern will und zugleich auf einer Veranstaltung zu der auch Menschen mit Beeinträchtigung geladen waren, keine gute. Auch auf Fachtagen könnte leichte Sprache beispielsweise durch eine Synchronübersetzung realisiert werden. Wesentlich erscheint die Zielgruppenorientierung und damit eine Multi-Akteursperspektive. Der zweite Fachtag am 5.11.2019 an der Ernst-Abbe-Hochschule Jena (siehe Anlage 6) berücksichtigt bereits die geäußerte Kritik.

Zusammenfassung Modul 1 Komponente 2:

Die Befragungen im Anschluss an die Veranstaltungen in Form der standardisierten quantitativen Teilnehmendenbefragung sichert zum einen die in Abschnitt 4.4. der Projektskizze geforderte „Veranstaltungsevaluation in leichter Sprache“[1], zum anderen die Perspektiven des im Evaluationskonzept des ISÖ formulierten Modul 1[2]. Die hierin angestrebte Zahl von 1500 Fragebögen kann innerhalb der drei Projektjahre nicht erreicht werden, da auch die angedachten Teilnehmendenzahlen von 500 pro Jahr nicht erreicht wird[3].

1 S.18; Datei: Projektskizze_Aktion_Mensch_Stand_2017-04-25.pdf

2 S.3; Datei: 2017-7-5 Konzept Evaluation LIGA Thüringen Aktion Mensch Stiftung.pdf

3 S.2; Datei: 2017-6-7 Angebot Evaluation LIGA Thüringen.pdf

Was ist an den Ergebnissen neu und bemerkenswert? Insgesamt wurden Organisation, Thematik und Durchführung der verschiedenen Fachtage als sehr positiv bewertet. Die Evaluation wirft jedoch auch zugleich neue Herausforderungen auf:

- Für zukünftige Veranstaltungen und Vorträge sollte die Barrierefreiheit noch einmal neu diskutiert werden.
- Notwendige Unterstützungsbedarfe für die Fachtage sollten konkreter und direkter erfragt werden, um jeder/jedem eine wertvolle Teilnahme am Fachtag zusichern zu können.
- Im Zusammenhang mit Leichter Sprache gilt es Vorhandenes weiter zu verbreiten und Neues zu schaffen.
- Offene Fragen in pencil-Form werden bisher nicht besonders gut angenommen.
- Der inklusiv angelegte Fragenkatalog kann die unterschiedlichen Einschätzungen von Mitarbeitenden und Menschen mit Beeinträchtigung zu Barrierefreiheit und Beteiligungsmöglichkeiten offenbaren.

Die Struktur und Herausforderungen einer formativen Evaluation als begleitender Prozess wird in diesem ersten Modul besonders deutlich.

### 3.1.3 Ergänzungen des Methodenkanons von Modul 1 um Komponente 3 und 4

Bereits kurz nach Beginn des Projektes konnte das Methodenset der Evaluation um eine Komponente erweitert werden: Begehungsprotokolle, die durch das Projektbüro bei jedem Besuch einer Einrichtung ausgefüllt werden (siehe Anlage 4). Sie können Aufschluss über Entwicklungen und über die Stimmung in den Modelleinrichtungen geben.

Im Sommer 2018 wurde zudem beschlossen, Modul 1 um eine zusätzliche Komponente zu erweitern, um die Lebenslagen, Bedürfnisse und Sichtweisen der Menschen mit Beeinträchtigung in diesem Projekt individueller einfangen zu können. Dafür wurde ein Leitfaden für Face-to-Face Befragungen in den Modelleinrichtungen entworfen. Diese Erweiterung bot die Möglichkeit, die Fragen nach den Veränderungen und Entwicklungen in den Bereichen des Wohnens, der Arbeit und der Freizeit, die aus dem standardisierten Fragebogen entfallen waren, im Interviewleitfaden aufzunehmen und so deren notwendige Abfrage zu decken.

### 3.1.4 Modul 1 – Komponente 3

Die Begehungsprotokolle wurden in Zusammenarbeit mit dem LIGA-Projektbüro und der am Projekt beteiligten Firma Contec entworfen (siehe Anlage 4). In den Begehungsprotokollen werden im Anschluss an Besuche der Modelleinrichtungen Eindrücke und Einschätzungen des Entwicklungsprozesses festgehalten. Der Fragebogen umfasst neun Fragen und ist von den Mitarbeitenden des Projektbüros auszufüllen. Hierbei werden Fragen über die Einschätzung der Bedürfniserfüllung der BewohnerInnen, die Zuordnung der wesentlichen AkteurInnen, die Mitgestaltungsmöglichkeiten für Menschen mit Beeinträchtigung in der jeweiligen Einrichtung und die aus Sicht des Besuchenden weiterhin offenen notwendigen Entwicklungsschritte auf dem Weg zu einer personenzentrierten, ambulanten Versorgung der Menschen mit Beeinträchtigung gestellt.

Eine vertiefte textanalytische Auswertung der Protokolle und weiterer Dokumente mithilfe der Software MAXQDA ist Gegenstand des nächsten Arbeitsschrittes, der zum Zeitpunkt des vorliegenden Zwischenberichts begonnen hat. In Zusammenarbeit mit dem Leiter des LIGA-Projektbüros Hagen Mittelstädt erfolgte eine erste Auswertung der Begehungsprotokolle unter der Fragestellung inwieweit sich die Beteiligungsmöglichkeiten für Menschen mit Beeinträchtigungen an der Projektumsetzung in den Modelleinrichtungen im Projektverlauf verändert haben.

Erste Auswertung Begehungsprotokolle

Aus den Vor-Ort-Begehungen und den entsprechenden Protokollen lassen sich viele Hinweise zur Beteiligung an der Projektdurchführung ermitteln. Im Folgenden werden die Beteiligungsformate aufgelistet, die aus Sicht des Projektbüros aus der Dokumentation der Begehungsprotokolle erkennbar sind.

*Modellträger Bodelschwingh-Hof Mechterstädt (BHM):*

Bemerkenswert ist die Einrichtung eines regelmäßig tagenden sogenannten „Empowerment-Zirkel“: Menschen mit Beeinträchtigungen und Mitarbeitende sind gemeinsam mit der Bereichsleitung „Gemeindenahe Dienste“ in diesem Arbeitskreis aktiv. Sie begleiten gemeinsam den „Change Prozess“. Damit wird versucht viele Projektbetroffene am Prozess zu beteiligen.

In unregelmäßigen Abständen werden die Treffen extern moderiert. Menschen mit Beeinträchtigung aus diesem Gremium sind in der Steuerungsgruppe des BHM zur Umsetzung des Projektes der Ambulantisierung vertreten. Hier wurde beispielsweise ein Fragebogen zur Kompetenzanalyse durch Menschen mit Beeinträchtigung entwickelt oder die Gestaltung der Dienstfahrzeuge zur ambulanten Versorgung abgestimmt. Die NutzerInnen des Dienstes wollten eine Stigmatisierung auf Grund der Aufschrift des Fahrzeugs verhindern und daher den Aufdruck mitbestimmen.

Als zusätzliche Veranstaltung wurden zweitägige Klausurtage zur Reflexion und Auswertung der bisherigen Schritte eingerichtet, zunächst ein Auftakttreffen für zwei Tage in einem Hotel, auch hier wird über eine enge Zusammenarbeit von MitarbeiterInnen und Menschen mit Beeinträchtigung und externer Moderation berichtet. Auf den Klausurtagen wurden Arbeitspakete mit verschiedenen Themenschwerpunkten entwickelt. Sie werden im Empowerment Zirkel weiterbearbeitet. Zudem existieren Arbeitsteams bzw. Tandems von Menschen mit Beeinträchtigung und MitarbeiterIn.

Im Rahmen einer Sitzung des Beirats Sozialplanung der LIGA in Gotha wurden im September 2018 das Projekt vorgestellt, der örtliche Umsetzungsstand und identifizierte Herausforderungen (besonders im Sozialraum) diskutiert. Eine Bewohnerin aus der Modelleinrichtung Bodelschwingh-Hof Mechterstädt (BHM) stellte ihre Sicht auf Ambulantisierung und Personenzentrierung dar. Der Beirat versteht sich als Gremium aus EntscheidungsträgerInnen in Thüringen, er dient dem Impuls und der Diskussion von sozialpolitischen Entwicklungen in Thüringen.

Mitglieder des Beirats sind: Sozialdezernent Landkreise Gotha, die Referentin Strategische Sozialplanung des Ministeriums für Arbeit, Soziales, Gesundheit, Frauen und Familie, ein Vertreter der DKB Bank (Fördermittelgeber im ländlichen Raum), der Leiter eines Jobcenters, der Vorsitzende des Thüringer Rechnungshofs. Menschen mit Beeinträchtigung gehören nicht zu den Mitgliedern des Beirats.

*Lebenshilfewerk Weimar Apolda (LHW):*

Die AG Partizipation trifft sich regelmäßig als Gremium der Menschen mit Beeinträchtigung, die den Ambulantisierungsprozess begleiten. Sie ist Hauptansprechpartner und Zielgruppe des Projektbüros: Hier finden die Vorbereitungen für einzelne Projektvorhaben statt (Fragensammlung für die Diskussion „politische Teilhabe" im Landtag usw.). Zwei Menschen mit Beeinträchtigung aus dem Gremium nahmen am Fachtag für Fachkräfte im November 2018 teil. Sie erläuterten ihre Sicht auf Teilhabe und das Projekt, beteiligten sich an Worldcafés zum Thema Teilhabe und fassten die Ergebnisse der Runde auf der Bühne mit zusammen.

Das LHW beschäftigt zudem eine Mitarbeiterin zur Unterstützung aller Gremien und Selbstvertretungen (Wohnheim- und Werkstattbeiräte; unter anderem werden Klausurtage für die Selbstvertretungsgremien organisiert.) Menschen mit Beeinträchtigung werden (mit festem Sitz) an den Vorstandssitzungen des Trägers beteiligt. Hier werden auch projektrelevante Themen besprochen.

*CJD Erfurt:*

Der Ambulant Betreutes Wohnen (ABW) Beirat wurde in 2019 neu gegründet. Der ABW Beirat vertritt, wie viele andere Gremien des CJDs, die Interessen der Menschen mit Beeinträchtigung des Trägers. Seit der Neugründung begleitet das Projektbüro die Arbeit des Gremiums, das von zwei Mitarbeitenden unterstützt wird. Ihr Ziel ist es sich schrittweise aus der Arbeit herauszuziehen und nur auf Anfrage zu unterstützen. Der ABW Beirat ist Zielgruppe bei der Beteiligung an der Projektdurchführung. Gemeinsam wurden Veranstaltungen und Kooperationsmaßnahmen geplant.

ABW-Café ist eine Info Veranstaltung des ABW Beirates für interessierte Menschen mit Beeinträchtigung des Trägers. Es wird möglichst selbstständig moderiert und organisiert. Im Rahmen einer Veranstaltung stellte das LIGA-Projekt seine Arbeit als Kooperationspartner des CJDs vor. Ein Teilnehmer der Infotage des LIGA-Projekts erläuterte die Zeichnungen des Graphic Recorders zu den Veranstaltungen. Der ABW Beirat stellte sich zudem im Rahmen des Magdeburger Allee Festes vor. Er organisierte einen Infostand und versuchte mit BesucherInnen des Festes ins Gespräch zu kommen. Die Magdeburger Allee und das sehr bekannte Fest sind zentraler Ort des definierten Sozialraumes der Modelleinrichtung. Auch an dieser Veranstaltung beteiligte sich ein Mitarbeiter des Projektbüros als Kooperationspartner. Gemeinsam wurde auf die Herausforderungen des Sozialraum eingegangen und für die Belange von Menschen mit Beeinträchtigung geworben.

*Grundsätzliches zur Projektbeteiligung:*

Die Menschen mit Beeinträchtigung, die die Infotage des Projektes besuchen, geben während dieser Tage die relevanten Inhalte dieser Veranstaltung vor. Diese setzt das LIGA-Projekt um. Die Projektmitarbeitenden nutzen jede Möglichkeit während der Vor-Ort-Termine, um ins Gespräch zu kommen und weitere Hinweise zu erarbeiten, die relevant für die Teilhabe sein könnten und um herauszufinden, welche Ideen die Menschen mit Beeinträchtigung zur Projektarbeit haben. Diese Gespräche werden von den Mitarbeitenden des LIGA-Projektbüros als sehr wertvoll beschrieben. Der persönliche Kontakt auf Basis einer positiven und wertschätzenden Beziehung gilt ihnen als unersetzlich zur Ermittlung der Bedürfnisse und Sicherstellung der Teilhabe.

*Gesetzliche BetreuerInnen:*

Gesetzliche BetreuerInnen wurden seitens des LHW bei mehreren Veranstaltungen im Rahmen von gesonderten Veranstaltungen informiert. Auch die anderen Modellträger suchen hier regelmäßig den Kontakt. Jeder Träger informierte zu Beginn der Projektlaufzeit die Angehörigen und gesetzlichen BetreuerInnen zum Modellvorhaben und zu den Zielen des Modells.

### 3.1.5 Modul 1 – Komponente 4

Der im Herbst 2018 entworfene Fragebogen wurde im November 2018 zum ersten Mal eingesetzt. Das Ziel dieser Methode ist es, einen tieferen Einblick in die individuellen Lebenslagen, Bedürfnisse und Sichtweisen der im Projekt eingebundenen Menschen mit Beeinträchtigung zu erlangen.

Bei dem entwickelten Fragebogen handelt es sich um einen Leitfaden für ein Face-to-Face Interview zwischen einem/einer BewohnerIn einer Modelleinrichtung und einem/einer InterviewerIn von Seiten der Projektbegleitenden. Die Zielgruppe dieser Interviews ist damit die primäre Zielgruppe der Evaluation, die in den Modelleinrichtungen lebenden Menschen mit Beeinträchtigung. Der Fragebogen ist in Leichter Sprache verfasst und wird von der interviewenden Person handschriftlich während des Gesprächs mit Notizen gefüllt. Das Interview ist auf

30 Minuten angesetzt und lässt darin auch Raum für tiefergehende, abschweifende Gespräche. Insgesamt sollen 15 Interviews mit einer Länge von je 30 Minuten geführt und ausgewertet werden.

Erste Auswertung Face-to-Face Interviews

Bisher konnten drei leitfadengestützte Interviews in einer der Modelleinrichtungen durchgeführt werden. Das entworfene leitfadengestützte Interview kann in diesen Gesprächen nicht „abgelesen" werden. Die interviewende Person ist dazu aufgerufen, die Themen im Gespräch zu erfragen. Die Interviews wurden von einem Mitarbeiter des Projektbüros und einer Mitarbeiterin des ISÖ durchgeführt.

Zunächst ist der Mehrwert festzuhalten: durch die Gespräche und Reaktionen auf Fragen konnten unterschiedliche Punkte, die zuvor anders verstanden wurden, neu diskutiert werden.

*Verständnis des Projekts:*

So wurde während der ersten Gespräche schnell deutlich, dass ein einheitliches Verständnis des „Projektes" nicht vorliegt. Die Befragten konnten den Titel „Wie macht man Teilhabe" und auch die Beschreibung des Projektes nicht zuordnen, ebenso wenig die damit einhergehenden Veränderungsprozesse. Erst die Erwähnung der Fach- bzw. Info-Tage in Jena und Erfurt und ihres direkten Erlebnisses ließen sie aufhorchen. Diese Tatsache erschwerte die Fragenformulierung und die Kommunikation zum Thema und wird für die künftige Evaluation eine große Rolle spielen.

Hingegen ist die Frage, ob und wie gewohnt werden will, sehr präsent. Die Entwicklungen des Projektes sind damit im Alltag der Menschen angekommen.

*Wahrnehmung der eigenen Handlungsspielräume:*

Ferner handelte es sich hierbei um den Aspekt der Selbstwahrnehmung einer „ich kann machen was ich will"-Situation der Befragten Person. Diese wäre vor der Befragung als „ich kann tatsächlich machen was ich will" verstanden worden und wurde im Anschluss an das Interview verstanden als „ich kann, während ich etwas vom Träger aus mache, kleine Sachen so machen wie ich es will".

*Freiheit zur Freizeitgestaltung:*

Ähnlich wurde in Bezug zur eigenen Freizeitgestaltung festgestellt, dass die Befragten auf die Frage, ob sie die Freizeitangebote in der Umgebung kennen, zunächst mit „ja" antworteten. In der folgenden Nennung bekannter Angebote konnten ausschließlich Programme mit und bei (anderen) Trägern aufgezählt werden. Das Verständnis von selbstständiger Freizeitgestaltung bezog sich primär auf das „Innerhalb" der passenden Trägerlandschaft, nicht aber auf den Sozialraum oder die innewohnenden Interessen. Vorherrschend war ein „Denken in Strukturen".

Nach diesen Gesprächen rückte „der in Sonderwelten lebende, institutionalisierte Mensch" stärker in das Zentrum der Betrachtung und veränderte den Blick auf die Antwortverhalten der Menschen mit Beeinträchtigung insbesondere im Bereich Freizeit. Denn auf den Fachtagsbefragungen bejahten gut 60%, dass ihnen die Freizeitangebote in ihrer Umgebung bekannt seien. Erst in den Face-to-Face Interviews wurde deutlich, dass mit diesen Angeboten (zumindest in den bisherigen Gesprächen) die Angebote der AWO, der MIA, der Diakonie, des CJDs etc. gemeint sind und nicht die geografische Umwelt.

Bis zum Jahr 2020 sollen zwölf weitere Interviews in diesem Format geführt werden.

### 3.1.6 Modul 1 – Zusammenfassung und Schlussbemerkungen

In der Zusammenschau der in Modul 1 angewandten Methoden lässt sich festhalten, dass es durch die Methodenvielfalt einerseits ermöglicht wurde, auf Basis von eigens entwickelten Indikatoren (M1-K1) Verlaufsbeobachtungen zu tätigen (M1-K2), organisatorisch und institutionelle Entwicklungen zu beobachten (M1-K3) und andererseits einen Einblick in die tatsächliche Lebenswelt der BewohnerInnen zu gewinnen (M1-K4).

## 3.2 Modul 2

Modul 2 richtet sich mit einem Onlinefragebogen an die sekundäre Zielgruppe der Evaluation, Fachkräfte und MultiplikatorInnen. Der Begriff der MultiplikatorInnen ist recht undurchsichtig und klärungsbedürftig. Gemeint sind hierbei insbesondere politische VertreterInnen sowie Aktive im Bereich der Behindertenhilfe.

Der hierfür entwickelte Onlinefragebogen enthielt vorwiegend ordinalskalierte Ratingfragen mit ungerader Stufenzahl sowie offene Fragen und einige *Schlaufen* bzw. Kontrollfragen. Eine Möglichkeit zur Auswahl mehrerer Antwortmöglichkeiten war, mit einer Ausnahme, nicht gegeben. Die Fragen in diesem Modul wurden aufgrund der Zielgruppenwahl und der notwendigen Fachbegriffe bewusst nicht in Leichter Sprache formuliert.

Der Fokus der Fragen lag auf den Mitgestaltungsmöglichkeiten sowie den institutionellen und organisatorischen Veränderungen. Ziel war es, die Einschätzung der Mitgestaltungsmöglichkeiten von Seiten der Fachkräfte und MultiplikatorInnen sowie der institutionell und organisatorisch notwendigen Veränderungen zu erfahren. Die sekundäre Zielgruppe umfasst schätzungsweise 500 Personen, weshalb auf eine möglichste breite, nicht personengebundene Befragungsmethode zurückgegriffen wurde. Die Online-Befragung wurde mit dem Programm „Typeform" entworfen und war so auf allen Endgeräten bearbeit- und abrufbar.

Der Fragebogenlink wurde per E-Mail vom Projektbüro an Fachkräfte, politische AkteurInnen, MultiplikatorInnen und Stakeholder versandt. Als Bearbeitungsdauer wurden etwa 20 Minuten angesetzt. Die Onlinebefragung zielte auf 100 Teilnahmen ab. Der Zeitraum zur Teilnahme an der Onlinebefragung begann am 18.12.2018 und sollte am 31.1.2019 enden. Aufgrund geringer Rücklaufzahlen wurde die Frist bis zum 13.2.2019 verlängert. Erst durch wiederholte Erinnerungs-, Bitt- und Mahnmails durch das Projektbüro konnte eine Antwortzahl von 69 Teilnehmenden erreicht werden.

Die gestellten Fragen lassen sich in Fragen zum Partizipationsverständnis der Befragten, Fragen nach dem Erfolgsversprechen des Projektes, Fragen zur Mitgestaltungsmöglichkeit von MultiplikatorInnen und Fachkräfte sowie in Fragen zur institutionellen und organisatorischen Entwicklung der Einrichtungen untergliedern.

Die zweite, im Wesentlichen identische Welle der Online-Befragung wird am 4.11.2019 beginnen und zunächst bis zum 15.12.2019 online sein. Eine Verlängerung bis Januar 2020 ist möglich, wenn die Fallzahlen nicht ausreichen sollten.

Zusammenfassung erhobener Daten und Auswertung:

Der auf 100 Teilnahmen ausgelegte Online-Fragebogen wurde 285 Mal aufgerufen, jedoch nur 69 Mal beendet. Im Schnitt brauchten die Teilnehmenden für die ursprünglich auf 20 Minuten ausgelegte Onlinebefragung etwa 31 Minuten.

Die Bearbeitung des Fragebogens war von allen Endgeräten aus möglich. Doch ist festzuhalten, dass von den 42 BesucherInnen, die die Befragung über ihr Smartphone aufriefen, nur 20,7% die Befragung beendeten. Ein Aufruf über den PC hingegen lieferte eine Vollendungsrate von 58,3%. Im Schnitt beantworteten die PC-UserInnen den Fragebogen etwa acht Minuten schneller.

An der Befragung nahmen 45 Frauen (65%) und 24 Männer (35%) teil (Frage 2), die/der durchschnittliche Teilnehmende war zwischen 36 und 55 Jahren alt (Frage 1).

44 der 69 Teilnehmenden sind Mitarbeitende in einer Einrichtung für Menschen mit Beeinträchtigung (63,8%), zwölf davon in einer der Modelleinrichtungen (17,2%). Elf im politischen Bereich Tätige haben den Fragebogen vollständig beantwortet (16%). Ebenso haben neun Menschen mit Beeinträchtigung und neun Angehörige (jeweils 13%) an der Befragung teilgenommen (Frage 3).

68% der Teilnehmenden bezeichnen sich als im Projekt involviert bzw. gut über das Projekt informiert (Frage 8). Unter den Befragten, die sich als „Teil des Projektes" verstehen sind sowohl MitarbeiterInnen von Modelleinrichtungen, wie auch anderer Einrichtungen der Behindertenhilfe, Menschen mit Beeinträchtigung, Angehörige und Tätige im politischen Bereich. Somit sind, bis auf persönliche AssistentInnen, alle Zielgruppen erreicht worden.

Ein wesentliches Element zur Auswertung und Einschätzung der Ergebnisse liefert Frage 8. In dieser wurden die Befragten gebeten, ihre eigene Position zum Projekt einzuschätzen. Es ist von höchstem Interesse, welche Personengruppe sich wie positioniert und welche Auswirkung die sich selbst zugeschriebene Position auf das Antwortverhalten der Gruppe hat. Prozentual unterteilt sich die Gruppe derer, die sich als Teil des Projektes betrachten, in:

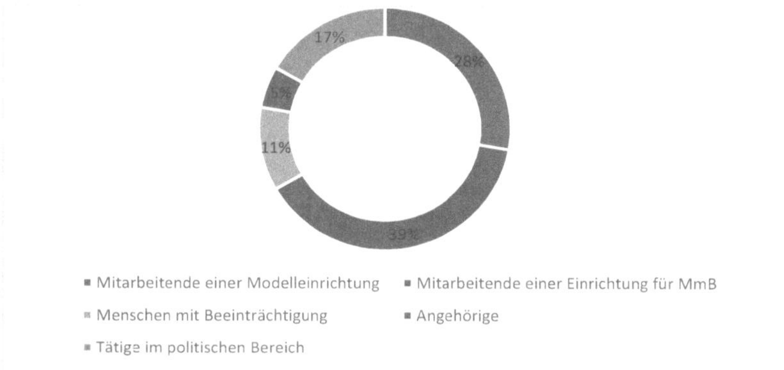


Quelle: Eigene Erhebung (n=69).

Abbildung 9 – M2.F8: Antwort „Ich sehe mich als Teil des Projektes“

Diejenigen, die das Projekt „eigentlich kaum“ kennen, sind überwiegend Mitarbeitende einer Einrichtung für Menschen mit Beeinträchtigung:

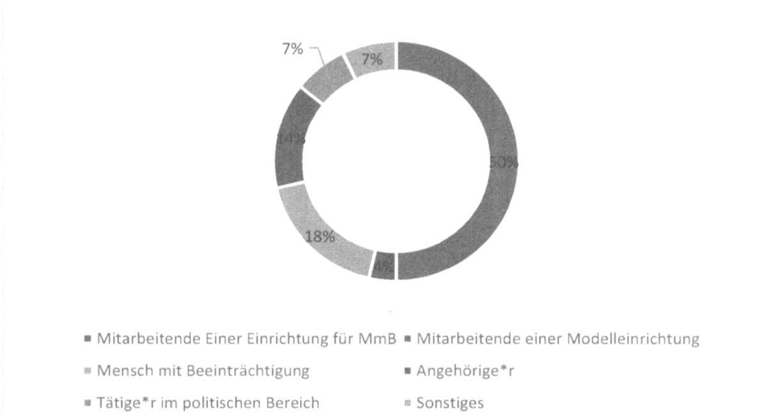


Quelle: Eigene Erhebung (n=69).

Abbildung 10 – M2.F8: Antwort „Ich kenne das Projekt eigentlich kaum“

Auffällig hierbei ist, dass von insgesamt neun beteiligten Menschen mit Beeinträchtigung fünf ihre Position zum Projekt als „ich kenne das Projekt eigentlich kaum“ beschreiben (55,5%).

Als „ich habe mich mit dem Projekt bereits beschäftigt“ positionieren sich vorwiegend MitarbeiterInnen verschiedener Einrichtungen für Menschen mit Beeinträchtigung:

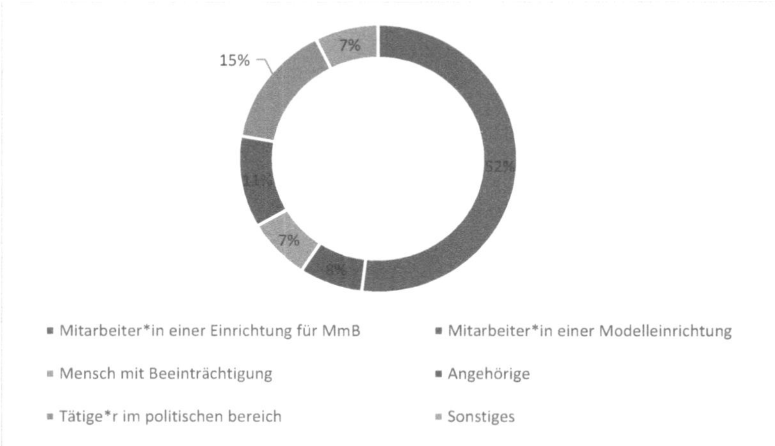


Quelle: Eigene Erhebung (n=69).

Abbildung 11 – M2.F8: Antwort „Ich habe mich mit dem Projekt bereits beschäftigt".

Von denjenigen, die sich als GestalterInnen des Projektes verstehen sind ein Drittel im politischen Bereich und ein Drittel in den Modelleinrichtungen tätig:

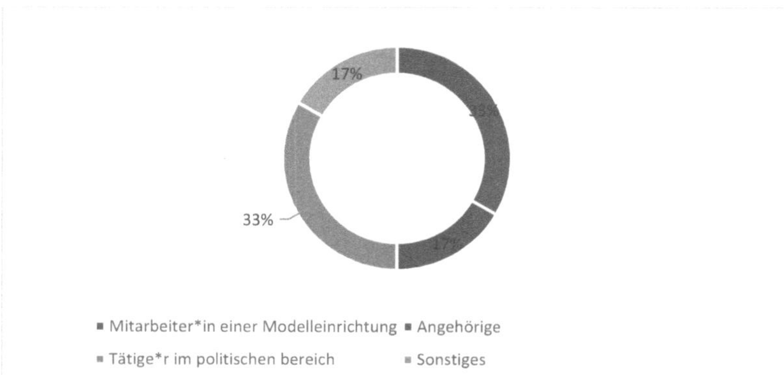


Quelle: Eigene Erhebung (n=69).

Abbildung 12 – M2.F8: Antwort „Ich bin eine/r der GestalterInnen des Projekts".

Vor dem Hintergrund, dass das Projekt insbesondere der Beteiligung der betroffenen Menschen mit Beeinträchtigung in allen Projektphasen und auf allen Projektebenen Rechnung tragen will, ist dies ein ernüchterndes Ergebnis.

Unter den GestalterInnen des Projekts finden sich keine Menschen mit Beeinträchtigung. Von den neun beteiligten Menschen mit Beeinträchtigung geben fünf an, das Projekt kaum zu kennen. Zwei geben an, sich mit dem Projekt bereits beschäftigt zu haben, während sich nur zwei (22,2%) als Teil des Projektes sehen.

So kritisiert die Projektskizze selbst die im ITP zuweilen stattfindende Arbeitsweise, dass *„trotz der bereits langjährigen personenzentrierten Sicht- und Arbeitsweise noch keine tiefgreifenden Veränderungen der Angebotslandschaft festzustellen sind. Die Beteiligung von Menschen mit Behinderungen in diesem Prozess beschränkt sich im Regelfall auf die individuelle Hilfeplanung und nicht auf die Veränderungsprozesse der Hilfelandschaft. Sie ist damit völlig unzureichend“*[4]. Als eigene Zielsetzung wird weiterhin formuliert : *„Sowohl auf Landesebene als auch auf kommunaler Ebene sieht das Projekt inhaltlich und strukturell die gleichberechtigte Partizipation und Beteiligung von Menschen mit unterschiedlichen Behinderungen als ExpertInnen in eigener Sache vor“*[5]. Dies wird am bedeutsamsten in Abschnitt 1 des Antrags herausgestellt: „M*it diesem Projekt möchte der Antragsteller modellhaft Wege der aktiven Beteiligung von Menschen mit geistigen, psychischen und/oder Mehrfachbehinderungen auch in strukturellen Veränderungsprozessen erproben und gute Praxisbeispiele für die Umsetzung der Personenzentrierung innerhalb der Eingliederungshilfe zur Verfügung stellen.“*[6].

Zwar richtete sich die Befragung im Wesentlichen an Fachkräfte, jedoch auch an MultiplikatorInnen und alle Stakeholder des Prozesses. Hierzu zählen auch explizit Menschen mit Beeinträchtigung, insbesondere in Positionen wie Beiräten und Vertretungsgremien. Jedoch lässt sich aufgrund dieser Befragung allein nicht das Verfehlen dieses Ziels feststellen. Denn auch dieser Fragebogen war nicht in Leichter Sprache formuliert und somit nicht in diesem Sinne barrierefrei konstruiert. Dennoch ist dies ein Aspekt, der für die kommende Auswertung im Blick behalten wird.

---

4 Aktion Mensch Stiftung 2017, S.2

5 S.4; ebd.; S.11; ebd.

6 S.1; ebd.

Insbesondere die hohe Resonanz auf die Antwortmöglichkeit „ich kenne das Projekt eigentlich kaum“, kann gedeutet werden als „im Rande involviert, habe damit aber nicht wirklich etwas damit zu tun“. Dies ist ein Hinweis auf eine bislang recht geringe Relevanz und Resonanz des Projektes im Bereich der Politik, dem Alltag der Menschen und der Öffentlichkeit.

Hinweis: Wenn im Folgenden eine Trennung der Aussagen nach der in Frage 3 angegebenen Rolle (Mitarbeitender, Mensch mit Beeinträchtigung etc.) vorgenommen wird, so werden diejenigen, die die Möglichkeit der Mehrfachnennung genutzt haben in beiden angegebenen Kategorien aufgeführt, wodurch eine scheinbar höhere Teilnehmendenzahl/Prozentsatz erzeugt wird.

Die Auswertung der Frage 4: „Was kennzeichnet für Sie Partizipation/Teilhabe von Menschen mit Beeinträchtigung?“ ist aufgrund von 5 Seiten Text der textanalytischen Auswertung mit MAXQDA vorbehalten, um das jeweilige Partizipationsverständnis zu bestimmen.

Bei Beantwortung der fünften Frage des Online-Fragebogens bewerten nur 8,6% der Teilnehmenden die aktuellen Teilhabemöglichkeiten von Menschen mit Beeinträchtigung als sehr bzw. eher gut. Hingegen schätzten 34,8% der Befragten diese zum Befragungszeitpunkt (Januar 2019) als eher bzw. sehr schlecht ein.

Ob Menschen mit Beeinträchtigung ihre Unterstützungsmaßnahmen selbstbestimmt auswählen dürften, bejahen nur 13% der Befragten, wohingegen 42% dies (eher) verneinen (Frage 6). Am negativsten betrachten dies die GestalterInnen des Projektes. 57% dieser äußern, dass eine selbstbestimmte Auswahl der Unterstützungsmaßnahmen (eher) nicht möglich ist.

Als größte Teilhabehemmnisse betrachten die Teilnehmenden die Verwaltungs- und Kostenproblematik, die gesellschaftliche Einstellung sowie die Unwissenheit der Betroffenen in Bezug auf ihre eigenen Rechte (Frage 7).

32,6% der Teilnehmenden gehen davon aus, dass das Projekt die Chancen auf eine gelungene Teilhabe steigert, während knapp 20% dies von dem Projekt nicht erwarten (Frage 9). Insbesondere die GestalterInnen des Projektes (mit 72%) und jene, die sich als Teil des Projektes verstehen (mit 50%) sehen in dem Projekt eine erhöhte Chance zu gelungener Teilhabe. Die Teilnehmenden, die das Projekt kaum kennen, sehen durch es nur zu 25% die Teilhabechancen gesteigert. Diejenigen, die sich mit dem Projekt bereits beschäftigt haben, gehen zu 45% von einer gesteigerten Teilhabechance aus. Es scheint: je mehr sich die befragten Personen bereits mit dem Projekt beschäftigt haben, desto höher wird der Mehrwert des Projektes eingeschätzt.

Bezüglich der offenen Frage nach Schwierigkeiten bei der Umsetzung der Selbstbestimmungsforderungen des BTHGs werden in erster Linie verschiedene Verwaltungs- und Kostenhemmnisse benannt (35x) (Frage 11). Zugleich wird aber auch auf die sozialen und gesellschaftlich notwendigen Entwicklungen verwiesen (14x), während die Unwissenheit der Betroffenen über ihre eigenen Rechte an dritter Stelle geführt wurde (10x). Nach den Befragten gilt es neben diesen Aspekten insbesondere kommunikative und individuelle Hürden der Betroffenen zu überwinden.

76,8% der Teilnehmenden befürchten, dass in den Umbauprozessen der Einrichtung hin zu verstärkter Personenzentrierung einzelne Personengruppen übergangen werden könnten (Frage 12). Auf die in der Schleife eingebaute Nachfrage, welche Personengruppe dies ihrer Meinung nach sein könnte, antwortete nicht eine der befragten Personen (Frage 13). Es ist davon auszugehen, dass es sich hierbei möglicherweise um die Gruppe der Menschen mit mehrfacher- bzw. Schwerstbehinderung handelt, die in den noch folgenden offenen Fragen mehrfach als Risikogruppe benannt wird. Verdeutlicht werden kann dies anhand einer Antwort auf die Frage, wo im Sozialraum noch Handlungsbedarf für Kooperationen und Angebotsvermittlung in den Lebensbereichen Wohnen, Freizeit und Arbeit besteht (Frage 18): *„'Kooperation und Angebotsvermittlung' ist aus Sicht von Menschen mit geistiger und mehrfacher Behinderung schon schwierig und sehr formell. Ich weiß nicht, ob dies die Teilhabemöglichkeiten verbessert. Sie verstehen oft nicht, warum wer etwas tut"*.

In Bezug auf die für Menschen mit Beeinträchtigung veranstalteten Fachtage geben 53,6% an, dass diese (eher) einen Mehrwert für die Menschen darstellen, nur rund 9% zweifelte dies an (Frage 15).

Gut 40% der Befragten gehen davon aus, dass die für sie und ihre Einrichtung in den Bereichen der Konzept- und Organisationsentwicklung im Zuge des BTHGs notwendig gewordenen Entwicklungen während des Projektes bereits stattfinden (17a&b). Jedoch gehen nur 28,8% der Befragten davon aus, dass die für das BTHG notwendigen Veränderungen im Bereich der Personalentwicklung bereits durch das Modellprojekt vollzogen werden (17c).

Auch die Antworten auf Frage 18: „Wo ist Ihrer Auffassung nach im Sozialraum noch Handlungsbedarf für Kooperation und Angebotsvermittlung in den Lebensbereichen Wohnen, Freizeit und Arbeit?" werden in der Textauswertung berücksichtigt.

Mit Frage 19 zeigt sich deutlich, dass die aktiven GestalterInnen des Projektes die aktuellen Entwicklungen und die aktuelle Stellung der Menschen mit Beeinträchtigung insbesondere auf Landesebene deutlich positiver einschätzen, als diejenigen, die sich als Teil des Projektes verstehen. Abbildung 13 verdeutlicht die Differenz der Einschätzungen:[7]

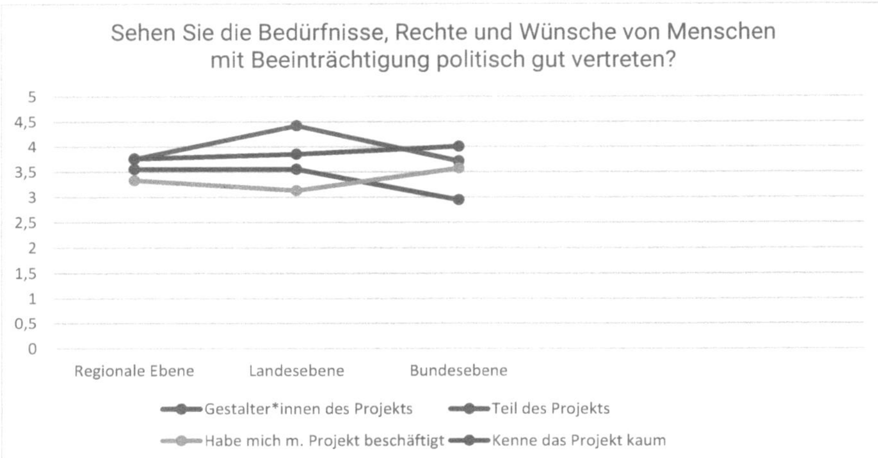


Quelle: Eigene Erhebung (n=69).

Abbildung 13 – M2.F19a-c: Sehen Sie die Bedürfnisse, Rechte und Wünsche von Menschen mit Beeinträchtigung politisch gut vertreten?

Die Frage, ob die Rechte und Bedürfnisse der Menschen mit Beeinträchtigung in Folge der anstehenden Prozesse (BTHG, Modellprojekt) besser wahrgenommen werden, spaltet die Teilnehmenden in zwei Lager: Jeweils 20 verneinen und jeweils 20 bejahen eine solche Wahrnehmungsveränderung (Frage 20).

Einer Steigerung der Partizipation in den vergangenen fünf Jahren stimmen gegen Ende des Fragebogens 43,3% (eher) zu.[8] Hierin wird erneut die unterschiedliche Einschätzung der Wir-

---

7 Vielleicht könnte auch auf die im Vorprojekt entwickelte „Teilhabekiste" zurückgegriffen werden. Denn wie kann Teilhabe gemessen werden, wenn das Maß der gewünschten Teilhabe vom Individuum selbst bestimmt wird? Man kann aber zugleich auch nicht nachweisen, ob das Individuum über die Möglichkeiten und Wege ausreichend aufgeklärt und ermutigt wurde.

8 Ggf. hätten wir hier im Onlinefragebogen spezifischer werden sollen und die Unterfrage einbauen: Wieviel Prozent dieser Entwicklung führen sie persönlich auf das Modellprojekt zurück, wieviel auf allgemeine gesellschaftliche Entwicklungen, wieviel auf die gesetzlichen Neuerungen und wieviel Prozent auf die Initiative der ihnen nahen Einrichtungen?

kung des Modellprojekts zwischen den ProjektgestalterInnen und jenen deutlich, die das Projekt kaum kennen oder sich mit diesem beschäftigt haben (Frage 22): So gehen 71% der befragten GestalterInnen, 44% derer, die sich als Teil des Projektes verstehen und rund 46% derer, die sich mit dem Projekt beschäftigt haben davon aus, dass die Ambulantisierungsmaßnahmen bereits zu einer Partizipationssteigerung in den letzten 5 Jahren geführt hat. Hiervon gehen nur 20% derer aus, die das Projekt nur oberflächlich kennen.

Jedoch erwarten nur 9% der Befragten, dass die BewohnerInnen nach Abschluss der Ambulantisierungsmaßnahmen über ausreichende Möglichkeiten verfügen, ihre Vorstellung eines gelingenden Lebens zu verwirklichen. 14,9% gehen davon aus, dass sie nach Abschluss des Projektes *eher* ihren individuellen Vorstellungen entsprechend leben können (Frage 23).

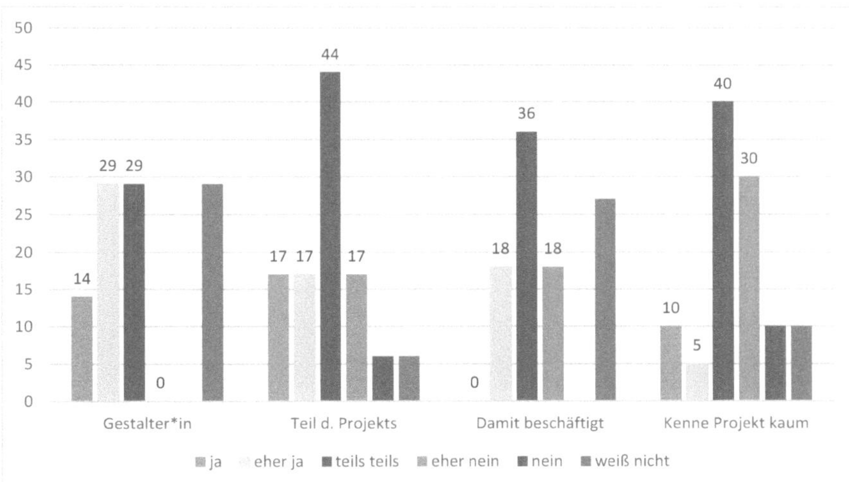


Quelle: Eigene Erhebung (n=69).

Abbildung 14 – M2.F23: Nach Beendigung des Ambulantisierungsprozesses gibt es für Menschen mit Beeinträchtigung ausreichend Möglichkeiten ihre persönlichen Vorstellungen eines gelingenden Lebens zu realisieren.

Ein Viertel der Teilnehmenden geht davon aus, dass mit der Ambulantisierung auch eine höhere Belastung der Menschen mit Beeinträchtigung einhergeht (Frage 27). Hierbei ist zu beobachten, dass insbesondere die GestalterInnen des Projektes mit über 50% davon ausgehen, dass sich (eher) ein Autonomiegewinn für die Menschen mit Beeinträchtigung einstellen wird; nur 29% gehen von einer etwas gesteigerten Belastung aus.

Auch hierbei scheint wieder das Prinzip Anwendung zu finden: Je näher die Befragten zu dem Projekt stehen, desto positiver bewerten sie dessen Wirkung.

Betrachtet man hingegen die Frage nach einer möglichen Mehrbelastung der Angehörigen im Zusammenhang des Ambulantisierungsprozesses, so wird deutlich, dass insbesondere von den Angehörigen selbst eine gesteigerte Belastung erwartet wird (gesamt: 34%). Jedoch gehen vorwiegend die GestalterInnen (43%) und diejenigen, die sich als Teil des Projektes sehen (56%), von einer erhöhten Belastung aus.

Die zuvor feststellbare Regel, dass dem Projekt näherstehende Individuum das Projekt weniger kritisch gegenüber stehen, kann hier nicht bestehen. Diese Einschätzung der dem Projekt nahestehenden Individuen wirft die Frage auf, wie wertvoll die aktuellen Entwicklungen vor dem Hintergrund der Co-Behinderung sind? Wird womöglich die Autonomie der Menschen mit Beeinträchtigung gegen die Autonomie der Angehörigen getauscht und werde diese erhöhter Belastung ausgesetzt?

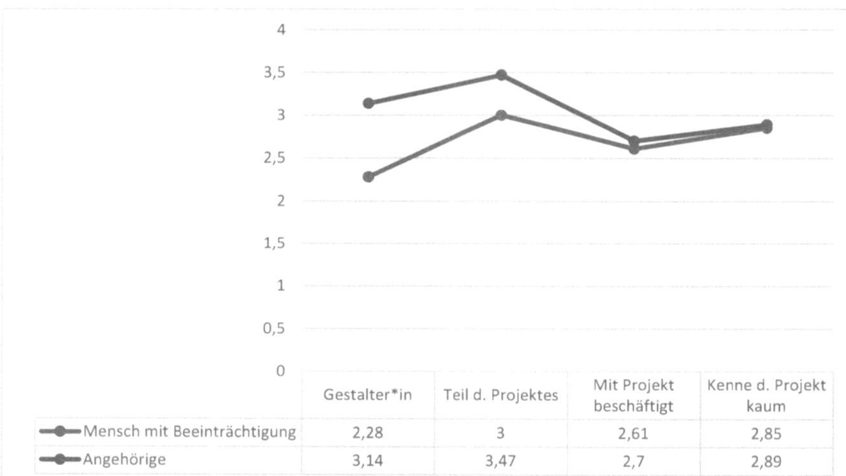


| | Gestalter*in | Teil d. Projektes | Mit Projekt beschäftigt | Kenne d. Projekt kaum |
|---|---|---|---|---|
| Mensch mit Beeinträchtigung | 2,28 | 3 | 2,61 | 2,85 |
| Angehörige | 3,14 | 3,47 | 2,7 | 2,89 |

Quelle: Eigene Erhebung (n=69).

Abbildung 15 – M2.F26&27: Führt die Ambulantisierung zu mehr Autonomie oder zu Belastungen?

Index: 1 - Autonomiegewinn; 2 - eher Autonomiegewinn; 3 – teils/teils; 4 – eher Belastung; 5 – Belastung.

Ob noch Anregungen, Befürchtungen oder Sorgen geäußert werden möchten, wurde mit vielen Sorgen und Ängsten bejaht (Frage 29). Auch hier muss zunächst auf die ausstehende Textauswertung verwiesen werden.

Letztlich kann man festhalten, dass sich unter den Teilnehmenden eine relativ hohe Zahl an SkeptikerInnen befand und die Responserate relativ gering war.

Verbesserungen/Änderungen für die Online-Befragung 2019

Durch die Werbestrategie, die eine Bewerbung der Online-Befragung auch außerhalb Thüringens einschloss, war es in der Auswertung der Antworten leider nicht möglich diejenigen, die zwar in Thüringen arbeiten und das Projekt dennoch nicht kennen, von denen zu trennen, die außerhalb Thüringens leben oder arbeiten und somit nicht direkt als Teil des Projektumfeldes verstanden werden können. In der zweiten Welle werden daher zu Beginn die ersten drei Ziffern der Postleitzahl erfragt, um eine Zuordnung zu ermöglichen.

Die relativ geringe Teilnahme an der Online-Befragung kann nicht auf mangelnde Werbe- und Erinnerungsstrategien zurückgeführt werden. Die angestrebte Teilnehmendenzahl konnte insbesondere in der Gruppe der MultiplikatorInnen und politischen AkteurInnen nicht erreicht werden. In der zweiten Befragungswelle sollen diese Zahlen durch eine beständige Öffentlichkeitsarbeit, verstärkte Präsenz in den Gremien und direkte persönliche Kontaktaufnahme durch das LIGA-Projektbüro und das ISÖ erreicht werden.

## 3.3 Modul 3

Modul 3, die Auswertung aller maschinenlesbaren Texte, hat bisher keine Anwendung gefunden und wird dies erst Ende 2019/Anfang 2020. Nach der aktuellen Einschätzung der zu bewertenden Schriftstücke und der verbleibenden Arbeitskapazität seitens des ISÖ bleibt offen, in welchem Umfang ein Einsatz der Software MAXQDA möglich ist, da die Codierung mit erheblichem Arbeitsaufwand verbunden sein wird.

## 3.4 Modul 4

Zu Modul 4 zählt insbesondere der vorliegende Zwischenbericht sowie der für Sommer 2020 geplante Abschlussbericht. In diesem werden die gewonnenen Daten dargestellt, interpretiert und der Öffentlichkeit abschließend zugänglich gemacht.

Im März 2019 fand ein erster gemeinsamer Evaluations-Workshop mit dem LIGA-Projektbüro und den MitarbeiterInnen des ISÖ - Institut für Sozialökologie statt. Dort wurden das vergangene Jahr gemeinsam reflektiert und gemeinsame Termine und Vorgehensweisen für das kommende Jahr abgestimmt. Als wichtigstes Element des Workshops wurden die einzelnen Elemente der Evaluation für das Jahr 2019/2020 noch einmal vorgestellt, begründet und diskursiv besprochen. Der Workshop verlief sehr kooperativ und ließ auf ein arbeitsreiches Jahr 2019 blicken.

# 4 Zusammenarbeit mit dem LIGA Projektbüro und den Modellträgern

Zwischen dem ISÖ - Institut für Sozialökologie und dem Projektbüro der LIGA herrschte im vergangenen Jahr eine rege Zusammenarbeit. Entwickelte Fragebögen wurden seitens des Projektbüros zurückgemeldet, ausgegeben und verarbeitet. Das ISÖ nahm an Veranstaltungen des Projektbüros teil und wirkte dort unterstützend mit. Absprachen mit dem LIGA Projektbüro finden im Wesentlichen über Telefon- und Emailverkehr statt. Bisher fanden zudem einige persönliche Gespräche und wiederholte Treffen auf Projektveranstaltungen (Quartalstreffen, Fachtage, Interview etc.) statt. Die seitens des ISÖ gering angesetzten Personentage erforderten einen stark über elektronische Kommunikationsmedien gestalteten Austausch.

Dennoch war es ein Ziel des ISÖ, ab 2019 regelmäßige Treffen zwischen dem ISÖ und dem Projektbüro zu initiieren, um die Kommunikation über anstehende Schritte und Prozesse zu erleichtern. Ein wichtiges Ereignis wird der Fachtag des Projektes am 5.11.2019 an der Ernst-Abbe-Hochschule Jena sein (Anlage 6).

# 5 Einordnung der bisherigen Ergebnisse

## 5.1 Betrachtung der angestrebten und erwarteten Wirkungen

Zu Beginn des Projektes wurden angestrebte und erwartete Wirkungen an das Projekt formuliert. Im Folgenden sollen diese (soweit möglich) durch in der Evaluation getroffenen Aussagen eingeschätzt werden:

Angestrebte und erwartete Wirkungen auf der Ebene der Zielgruppe:

- *Die beteiligten Menschen mit Behinderungen sind informierter und verfügen über mehr Optionen im Hinblick auf eine selbst gestaltete Lebensführung*

  *Informierter:*

  Die in Modul 1 Komponente 2 befragten Menschen mit Beeinträchtigung nehmen insbesondere die Informationsveranstaltungen des Projektbüros (Info-Tag) als einen großen Mehrwert wahr (Modul 1, Komponente 2, Frage 8 und 9). Im Einzelgespräch mit BewohnerInnen der Modellprojekte wurde deutlich, dass vorwiegend diese Informationsveranstaltungen, deren Inhalte und das Gemeinschaftserlebnis mit dem Projekt in Verbindung gebracht wurde (Modul 1 Komponente 3, Frage 4). Wenngleich aus der BeobachterInnenperspektive, so sehen auch die Befragten der MultiplikatorInnen- und Fachkräftebefragung in den Fachtagsveranstaltungen einen expliziten Mehrwert für die Menschen mit Beeinträchtigungen. Siehe dazu auch Modul 2 Frage 16: *Haben Sie den Eindruck, dass die Fachtage bei Menschen mit Beeinträchtigung zu einer Erhöhung des Kenntnisstands über ihre eigenen Möglichkeiten und Rechte beitragen?* (Abbildung 16)

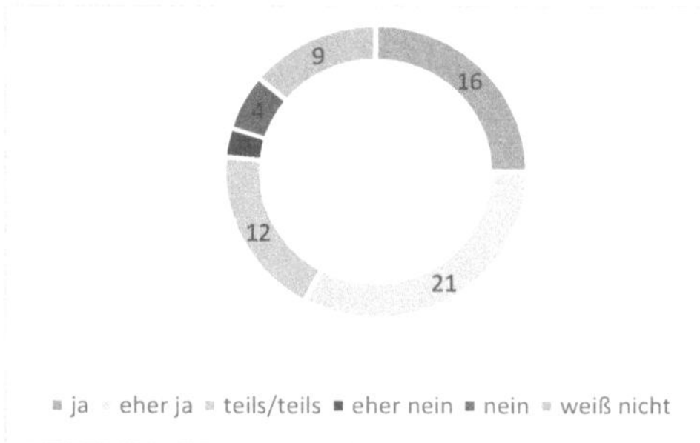


Quelle: Eigene Erhebung (n=69).

Abbildung 16 – M2.F16: Erhöhen die Fachtage den Kenntnisstand über die eigenen Möglichkeiten und Rechte?

- *Alle projektrelevanten Prozesse sind für Menschen mit Behinderungen zugänglich (prozessuale Barrierefreiheit) um Partizipation und Transparenz zu gewährleisten.*

  Die in Modul 2 gestellte Frage 8 verdeutlicht, welche Position die Einzelperson zum Projekt einnimmt. So sind unter den selbst benannten GestalterInnen des Projekts keine Menschen mit Beeinträchtigung zu finden. Von den neun beteiligten Menschen mit Beeinträchtigung geben fünf an, das Projekt kaum zu kennen.

  Zwei geben an, sich mit dem Projekt bereits beschäftigt zu haben, während sich nur zwei (22,2%) als Teil des Projektes sehen (Modul 2, Frage 8). Zusätzlich wird auf den Fachtagen die Barrierefreiheit, die unzureichende Verwendung von Leichter Sprache und eine zu hohe Geschwindigkeit der Arbeits- und Redeweise kritisiert (Modul 1, Komponente 2, Frage 7,10 & 11). Es gilt daher den weiteren Ausbau von Beteiligungsmöglichkeiten auf Veranstaltungen auszubauen. Die Einschätzung, dass bisher keine prozessuale Teilhabe existiere, entspricht nicht den Zielvorstellungen und Grundprinzipien des Projekts.

Die generelle strukturelle Offenheit der verschiedenen Prozessebenen kann hier nicht beurteilt werden.

Angestrebte und erwartete Wirkungen auf der Ebene des Leistungserbringers/Personals

- *Die Anforderungen des neuen Bundesteilhabegesetzes sind berücksichtigt.*

  Nach den Einschätzungen der Beteiligten in Modul 2 Frage 17 a-c gehen bisher nur rund 40% der Befragten davon aus, dass die für sie und ihre Einrichtung in den Bereichen der Konzept- und Organisationsentwicklung im Zuge des BTHGs notwendig gewordenen Entwicklungen während des Projektes bereits stattfinden (17a&b). Im Zusammenhang mit der Personalentwicklung glauben aktuell nur 28,8% der Befragten daran, dass die für das BTHG notwendigen Veränderungen im Bereich der Personalentwicklung bereits durch das Modellprojekt vollzogen werden (17c). Der bereits vor dem BTHG gefallene Entschluss der Einrichtungen zur Teilnahme an dem hier evaluierten Modellprojekt gereicht Ihnen nun vor dem Hintergrund des BTHGs zum Vorteil.

Angestrebte und erwartete Wirkungen auf der Ebene der Angehörigen und/oder gesetzlichen BetreuerInnen

- *Angehörige, gesetzliche BetreuerInnen haben größeres Vertrauen in Entscheidungen der Menschen mit Behinderungen und unterstützen aktiver deren selbstgewählten Ziele.*

  In den bisherigen Befragungen und Gesprächen wurde eher das Gegenteil deutlich: Die in Modul 2 gestellte Frage 27 verdeutlicht, dass ein Viertel der Befragten eine Überforderung und erhöhte Belastung der Menschen mit Beeinträchtigung durch die neue personenzentrierte Struktur der Behindertenhilfe befürchtet. Auch in Gesprächen wurde deutlich, dass nicht jeder/jedem Betroffenen ein eigenständiges Beurteilen und Planen zugetraut wird. Der zunächst große Adaptionsaufwand in die neue Struktur wird insbesondere auch von den Mitarbeitenden gefürchtet. Eine notwendige positive und optimistische Haltung muss mit der Zeit, der Literatur und öffentlichen Diskussion sowie dem Projektfortschritt weiter wachsen und profiliert werden.

  Der Einbezug von Angehörigen im Sinne der Koproduktion ist vor dem Hintergrund der Ambulantisierung für viele Modellträger ein sensibles Thema. Sie befürchten, durch die Umstellung, die damit verbundenen Herausforderungen und Neuerungen im Alltag der Menschen mit Beeinträchtigung und somit auch der Angehörigen „schlafende Hunde zu wecken". Das seit Jahrzehnten eingespielte Hilfe- und Unterstützungssystem wird transformiert und Neues gefordert. Unter jenen, die sich als Teil des Projektes sehen, befürchten nach Modul 2 Frage 28 56% eine erhöhte Belastung der Angehörigen durch die Ambulantisierung. Darin wird deutlich, dass das Projekt bisher nicht wie erhofft zu einem größeren Vertrauen der Mitarbeitenden und Angehörigen in die Entscheidungsfähigkeit der Menschen mit Beeinträchtigung geführt hat, sondern weiter in „Fürsorge"-Bedingungen gedacht wird. Was das Beste für Menschen mit Beeinträchtigung ist, entscheiden weiterhin andere unter dem Maßstab der besten Sorge.

Zunächst scheint es von Bedeutung zu sein, die Beteiligten und somit auch die Angehörigen in Gänze für das Projekt und die damit einhergehenden Chancen und Herausforderungen zu gewinnen. Erst dann kann von einem Vertrauen der Angehörigen im neuen System gesprochen werden. Demnach wird hier eine angemessene Aufklärungsarbeit eine essentielle Rolle einnehmen. Wesentlich scheint auch, die Angst vor KlientInnenverlust durch das Projekt zu überwinden (deutlich geworden an Reaktionen der Mitarbeitenden auf die Formulierung der Frage 12, Modul 2: *Werden Personengruppen übergangen?)*

- *Sie unterstützen die Um- und Neugestaltung der Angebote, ihre Skepsis im Hinblick auf Leistungslücken ist zerstreut.*

Sehr deutlich wird, dass Skepsis weiterhin besteht. Dies wird insbesondere in den offenen Fragefeldern von Modul 2 offensichtlich. Hier werden Ängste, Befürchtungen und Sorgen dargelegt, die es im Laufe des Projektes weiter ernst zunehmen gilt.

# 6 Herausforderungen des Projekts

Im Folgenden sollen – noch ohne systematische Ordnung – einige zentrale Herausforderungen des Projektes im Lichte der ersten empirischen Ergebnisse diskutiert werden.

Projektzeitpunkt

Betrachtet man die Einschätzungen der Fragen 22 und 23 der MultiplikatorInnen- und Fachkräftebefragung in Modul 2 so wird ein zentrales Problem der Evaluation dieses Projektes deutlich: In Frage 22 stimmten 43,3% einer Partizipationssteigerung der Menschen mit Beeinträchtigung innerhalb der vergangenen fünf Jahre (eher) zu. Entgegen dieser positiven Einschätzung erwarten jedoch nur 9% der Befragten, dass die BewohnerInnen nach Abschluss der Ambulantisierungsmaßnahmen über ausreichende Möglichkeiten verfügen, ihre individuelle Vorstellung eines gelingenden Lebens zu verwirklichen (Frage 23). Nur 14,9% gehen davon aus, dass sie nach Abschluss des Projektes *eher* ihren individuellen Vorstellungen entsprechend leben können.

Die erste Frage orientiert sich an all dem, was in den vergangenen fünf Jahren bereits geschehen ist, die zweite an dem, was noch kommen wird. Wenngleich durch Frage 23 eine negative Einschätzung zutage tritt, so ist die Zeit und Zuordnungsdimension für die Evaluation der Veranstaltung von grundlegenderer Bedeutung.

Das Modellprojekt „Wie macht man Teilhabe? – Umbau der Angebote gemeinsam verwirklichen“ war schon früher geplant, doch fällt seine Umsetzung nun genau in die Zeit zwischen die Einführung des ITP und die bis 2020 durchzuführenden Änderungen vor dem Hintergrund des BTHG. Das Modellprojekt fällt mit einer einzigartigen Ausrichtung in eine große Umbruchphase, die mit vielen Unsicherheiten und Veränderungen verbunden ist. Für die Evaluation und auch die abschließende Dokumentation der Projektergebnisse bedeutet dies eine erhebliche Herausforderung: Welche der Entwicklungen wurden noch durch den ITP, welche durch das Modellprojekt und welche schon durch das BTHG ins Leben gerufen? Können die verschiedenen Entwicklungspfade rückwirkend getrennt voneinander betrachtet werden, um herauszufinden wie fruchtbar das Projekt „Wie macht man Teilhabe“ tatsächlich war? Oder kann nur eine verknüpfende Perspektive eingenommen werden?

Während des Projekts wurde in Sitzungen, auf Veranstaltungen und in Einzelgesprächen immer wieder deutlich, dass eine Trennung der Projektentwicklung von den Prozessen, die durch das BTHG und den ITP angeregt und durchgeführt werden, schwierig ist. Insbesondere eine Evaluation der bisher erreichten Entwicklungsschritte hin zu einer personenzentrierten Behindertenhilfe innerhalb der Modelleinrichtung wird hierdurch stark beeinträchtigt.

Solange selbst die Leitungspositionen der Modellträger, ihre Mitarbeitenden und auch die Menschen mit Beeinträchtigungen den Projekt-Prozess als solchen nicht eingrenzen können, kann nur schwer evaluiert werden, was das Projekt selbst zur Folge hatte.

Verständnis des Projekts

In der Zusammenarbeit mit Mitarbeitenden der Modelleinrichtungen ist Arbeit und Fortschritt des Projekts sicherlich erfahrbar. Die Evaluation des Modellprojektes hat es sich jedoch zur Aufgabe gemacht, die spürbaren Entwicklungen und Veränderungen im Leben der Menschen innerhalb der Modellträger zu erfassen. Die Mehrheit der KlientInnen kann jedoch zudem den Projektbegriff sowie den Titel des Projektes nicht zuordnen. Eine Evaluation der Projektereignisse, -entwicklungsschritte und -bewertung wird dadurch erschwert (vgl. Modul 1 Komponente 4).

Wie kann etwas erfasst werden, für das es keinen Namen, keine Struktur, keine Bedeutung und auch keine Trennung von anderen Entwicklungen möglich ist? Wie kann so gemessen werden, was durch das Projekt verändert wurde? Diese Eigenheit erschwert die Arbeit des Evaluationsteams gravierend.

Die Überprüfung der zu Beginn aufgestellten Indikatoren scheint daher zu diesem Zeitpunkt nicht in geplanter Form möglich zu sein. Könnten andere Einrichtungen der Behindertenhilfe in Thüringen, die nicht als Teil des Modellprojektes aktiv sind, zum Vergleich herangezogen werden (z.B. Aktion Wandlungswelten Jena, Helga Jacobeit Stiftung Wickersdorf)? Dies könnte sinnvoll sein, da zugleich davon auszugehen ist, dass eine Beteiligung am Projekt auch die Aktivität in der Umsetzung der BTHG Richtlinien potenziert.

Es gilt daher unter den KlientInnen die Entwicklungswahrnehmung über den vergangenen Projektzeitraum hinweg abzufragen. Genaue Schritte und Entwicklungen können nur von den MitarbeiterInnen und Leitungspersonen erfahren werden.

Barrierefreiheit

Teilhabe ist die Abwesenheit von Barrieren (baulich, sprachlich, kommunikativ, strukturell). Die bauliche Barrierefreiheit ist mittlerweile in der gesellschaftlichen Mitte angekommen. Die sprachliche und kommunikative Barrierefreiheit wird jedoch zumeist noch unterschätzt.

- Barrierefreie Bauten vs. Barrierefreie Kommunikation und Information -

So fiel auch die Bewertung der Barrierefreiheit auf den Projektveranstaltungen für die baulichen Umstände im Vergleich zu anderen Barrieren (bspw. unzureichende Hilfestellungen oder wenig Leichte Sprache (vgl. M1.K2.F10, F11) recht positiv aus (77%; M1.K2.F7). Die bauliche Barrierefreiheit ist, gesetzlichen Standards entsprechend, prüfbar. Während barrierefreie Kommunikation und Information insbesondere abhängig von Redner (Sender) und den Fähigkeiten des Empfängers und somit nicht allgemein feststellbar ist.

Als allgemeiner Ansatz des möglichst für alle verständlichen Redens gilt die Leichte Sprache, diese wurde in den Schriftstücken eingesetzt, ist in der *verbalen Kommunikation allerdings nur schwer sicherzustellen. Auch die Rote Karte für Leichte Sprache wurde auf den Veranstaltungen eingesetzt. Es könnte ein verstärkter Aufruf zur Verwendung Leichter Sprache an alle eingebracht werden.*

Ein auf Veranstaltungen notwendiger zweiter und individueller Ansatz ist das Bereitstellen besonderer Hilfe- und Unterstützungsleistungen zur Beförderung des individuellen Verständnisses und der Teilhabe an der Veranstaltung. Wie in den Befragungen feststellbar ist hierbei bisher noch verstärkter Handlungsbedarf erkennbar (vgl. M1.K2.F11). Nur 52,3% der Menschen mit Beeinträchtigung gaben an, dass sie bei den Veranstaltungen sagen konnten, wenn sie besondere Hilfe brauchten.

Geht man einen Schritt zurück, zum Projekttitel „Wie macht man Teilhabe? – Inklusion durch Umbau der Angebote gemeinsam verwirklichen“, so ist festzuhalten, dass die Teilhabe an etwas, der Gesellschaft, durch eine strukturelle Veränderung gewährleistet werden soll. Die dafür notwendigen strukturellen Veränderungen müssen auf verschiedenen Ebenen greifen: der individuellen Ebene, der Einrichtungsebene, der Mitarbeiterebene und der Ebene der Gesellschaft bzw. des Sozialraums.

Zugleich bedarf Teilhabe immer eines Wissens, eines Wollens und eines Tuns (ich kenne die Optionen, weiß was ich will, kann dies realisieren). Eine personenzentrierte Ausrichtung in der

Behindertenhilfe soll zunächst das Wissen und das Tun der Menschen mit Beeinträchtigung unterstützen und ermöglichen.

Wissen: Mit der verstärkten Orientierung an den Personen, ihren Wünschen und Vorstellungen geht auch eine verstärkte Informationspflicht/-aufklärung einher. Nur wer verschiedene Optionen kennt, kann auch zwischen diesen wählen (Wollen, Entscheidungsfähigkeit). Mit der Personenzentrierung wird der Auftrag an die Mitarbeitenden formuliert, verstärkt und dauerhaft Kompetenzvermittlung und Aufklärungsarbeit zu leisten.

Tun: Die Realisierung des individuell Gewünschten ist, soweit nicht ohne Anpassung möglich, Aufgabe der Mitarbeitenden und im Zuge des Prozesses zu realisieren. Im Alltag kann Barrierefreiheit häufig nur dann realisiert werden, wenn eine andere Person, die Einschränkungen anerkennt und entsprechend entgegenwirkt um eine Barriere abzubauen. Mit dieser Notwendigkeit geht eine doppelte Kränkungsgefahr einher. Wenn die dritte Person die Barriere zwar gerne beseitigen würde, ihr Arbeitgeber oder ihre Firma jedoch nicht die notwendigen Mittel für einen barrierefreien Zugang bereitstellt, entsteht für die dort mitarbeitende Person eine kränkende Situation/Stimmung. Sie möchte gerne Barrieren abbauen, kann es aber aus der eigenen Position heraus nicht leisten. Andersherum fällt dies aus, wenn die Barriere als solche nicht anerkannt wird und sich nicht für einen barrierefreien Zugang eingesetzt werden möchte. So wird der Mensch mit Beeinträchtigung gekränkt.

Ein Ziel des Projektes stellt es dar, das Vertrauen in die Entscheidung(sfähigkeit)en der Menschen mit Beeinträchtigung zu stärken. Hierdurch rückt das Wollen in den Vordergrund. Der direkte Wille der Betroffenen ist im Prozess jedoch nicht präsent. Im Verlauf der Interviews und auch der Infoveranstaltungen für Menschen mit Beeinträchtigung wurde deutlich, dass insbesondere die Abfrage einer abstrakte Denkleistung nach beispielsweise „Berufswünschen“ oder „Traumberufen“ von vielen nicht geleistet wurde. Auf die Frage „was möchten Sie gerne arbeiten?“ antwortete nur eine von über zehn Personen. Eine offene Fragenformulierung wie in diesem Fall stellte für viele Befragten bereits eine Überforderung dar. Das Antwortmuster ist nicht vorgegeben und eine eigene Denkleistung gefordert. Auch bei Fragen nach Wünschen in Bezug auf die Arbeit, die Wohnung oder die Freizeitgestaltungsmöglichkeiten antworteten beinahe alle Befragten mit „gut“/„alles gut“. Das Wollen ist abhängig von der Kenntnis der Optionen. Könnte die Erfahrung mangelnder Optionen in der Vergangenheit dazu geführt haben, dass größere oder Wünsche nicht geäußert werden? (ggf. negative Erfahrungen der Selbstwirksamkeit?)

Wie kann der Wille der Menschen mit Beeinträchtigung in diesen Prozessen gestärkt werden? Von ihm hängt gelungene Teilhabe ab. Denn die Teilhabe an Dingen, die einen nicht interessieren ist deutlich weniger wertvoll. So ist Teilhabe gesellschaftlich definiert, aber in seinem Ausmaß und seiner Ausprägung vom Bedürfnis des Individuums abhängig. Jede und Jeder hat eine individuelle Vorstellung davon, was Teilhabe für ihn oder sie bedeutet. Teilhabe ist individuell. Teilhabe kann nur erreicht werden, wenn die Gesellschaft die Umsetzung der individuellen Vorstellungen ermöglicht, durch Empowerment, Wahlmöglichkeiten und Vertrauen.

So bedeutet Teilhabe von Menschen mit Beeinträchtigung auch und insbesondere die Teilhabe am Prozess hin zur Teilhabe. Prozessuale Teilhabe der Menschen mit Beeinträchtigung ist ein explizites Ziel des Projekts. Die Präsenz der Menschen mit Beeinträchtigung auf allen Ebenen der Projektgestaltung ist bisher nicht der Fall. Im Wesentlichen wird weiterhin advokatorisch gearbeitet. Der Zeitmangel und die Überlastung der Mitarbeitenden mit verschiedenen Aufgaben führen dazu, dass Dinge, die viel zusätzliche Zeit bräuchten, wegfallen, beispielsweise die Beteiligung von Menschen mit Beeinträchtigung an Quartalstreffen oder Steuerungsgruppensitzungen. Sie ist „zu aufwändig“ und „dauert zu lange“. Mehrwert und Aufwand werden abgewogen. Prozessuale Beteiligung und das Vertrauen der Menschen mit Beeinträchtigung im Ambulantisierungsprozess zu gewährleisten, ist vor diesem Hintergrund eine gewaltige Aufgabe.

Autonomie vs. Belastung

Allgemeines Ziel des Projektes ist es, die Unterstützungsleistungen für Menschen mit Beeinträchtigung stärker an den personengebundenen Bedarfen und den individuellen Interessen zu orientieren. Die Ambulantisierung der Einrichtungen geht mit dem Bestreben nach verstärkter Autonomie einher. In den Erhebungsergebnissen wird deutlich, dass die Befragten von einer erhöhten Autonomie der Menschen mit Beeinträchtigung nach Abschluss des Projektes ausgehen. Die Autonomie der Angehörigen, so erwarten die Befragten, wird jedoch nach Abschluss des Projektes verstärkt eingeschränkt. Insbesondere die sich selbst als GestalterInnen des Projektes Wahrnehmenden (43%) sowie diejenigen, die sich als Teil des Projektes betrachten (56%), gehen gleichzeitig davon aus, dass diese frisch erlangte Autonomie der Menschen mit Beeinträchtigung mit einer erhöhten Belastung ihrer Angehörigen einhergeht (s. M1.K2.F28). Stellt diese Einschätzung der Befragten eine reale Erfahrung oder eine reine Erwartung dar? Hierbei bleibt offen, ob die Belastung nur die Sorge um den Angehörigen im System oder durch verstärkten Einbezug der eigenen Person in Entscheidungsprozesse entsteht. Um dies zu vermeiden, müssen die Mitarbeitenden den Einrichtungen und gesetzlichen Betreuer ausreichend im neuen System geschult werden. Die Umstrukturierung des Systems kann nicht zulasten der Angehörigen geschehen. Die ehemals durch Institutionen reduzierte Komplexität der Lebenswelt (Arbeit, Freizeitgestaltung, Wohnen, Mobilität etc.) wird durch die Auflösung des Alles-aus-einer-Hand-Prinzips gesteigert. Mit dieser Komplexitätssteigerung geht eine erhöhte Anforderung an das Case-Management einher.

Der Projektprozess hin zur Personenzentrierung fordert daher eine dauerhafte Begleitung und Schulung der Mitarbeitenden und gesetzlichen BetreuerInnen, nicht einen erhöhten Einbezug der Angehörigen. Aktuell scheint dies noch nicht ausreichend umgesetzt zu sein.

Jedoch findet das Projekt „Wie macht man Teilhabe?“ in einem Zeitraum statt, der durch den ITP sowie die Umsetzung des BTHGs bereits zu einer sehr hohen Belastung der Mitarbeitenden führt. Zwar waren Planung und Start des Projektes noch vor den BTHG-Entwicklungen angesetzt, doch wird die Entwicklung und das Engagement der Mitarbeitenden für dieses Projekt insofern eingeschränkt, da Anfragen für Face-to-Face Gespräche mehrfach abgelehnt wurden mit der Begründung, dass die Umsetzung des BTHGs aktuell einfach zu viel Zeit einnehmen. Diese Entwicklung ist kritisch, da das Gelingen des Projektes an mangelnder Zeit scheitern oder zu einer tatsächlich erhöhten Belastung der Angehörigen führen kann.

Im Projekt lassen sich komprimiert Probleme feststellen, die auch gesamtgesellschaftlich feststellbar sind: Die Vielfalt unterschiedlicher Fähigkeiten und Unterstützungsbedarfe stellt eine enorme Herausforderung dar. Jede individuelle Bedarfslage ist zu beachten. Der Ausgleich all dieser auf dem Weg zu gelungener Teilhabe ist selbst in einem abgeschlossenen Projekt für Menschen mit Beeinträchtigung kaum leistbar (vgl. M1.K2.F10). Wie kann dies dann einer ganzen Gesellschaft gelingen? Nur mit Zeit (Geld) und Akzeptanz und Engagement aus dem Sozialraum heraus.

### Autonomiefähigkeit

Wie gehe ich mit Menschen um, die geistig nur begrenzt demokratiefähig erscheinen? Auch die Semantik „Behinderung“ vs. „Beeinträchtigung“ markiert diese Problemstellung. Diese

Frage wurde in den letzten Jahren insbesondere für Kinder und Menschen mit Demenzerkrankungen nach und nach öffentlich diskutiert. Menschen mit Beeinträchtigung wurden hierbei bisher kaum bedacht (siehe die Entscheidung des BGH zum Wahlrecht 2019). Diese Verzögerung liegt darin begründet, dass die Menschen mit Beeinträchtigung hierbei über den geringsten strategischen Vorteil verfügen. Demenz kann jeden Menschen im Laufe seines Lebens ereilen, auch Kind ist jeder einmal. Kinderrechte und Rechte von Demenzerkrankten sind daher potentiell für jeden Bürger relevant. Sie betreffen in der Regel Menschen mit zwischenzeitlich partizipativen, „normale" Demokratiebiografien. Anders als bei einer Demenzerkrankung betrifft die geistige Behinderung zumeist Menschen ihr gesamtes Leben. *Es fehlt der Punkt, an dem sich Betroffene selbst verteidigen können.* Die notwendige Hilfe zur Wahrnehmung der eigenen Rechte bedarf daher advokatorischer Positionen und Möglichkeiten. Wer ist jetzt der Advokat für diese Menschen. Sind es noch die Einrichtungen und ihre Mitarbeitenden?

Schwierigkeiten für die Evaluation:

Im Laufe der Evaluation traten unterschiedliche Problematiken zu Tage, die die Evaluation erschwerten. Einige davon werden im Folgenden kurz dargelegt. Der Plan des Evaluationsteams, Angehörige zu befragen und insbesondere für die Online-Befragung zu gewinnen stieß bei den Einrichtungen auf Widerstand. Es wurde geäußert, dass man durch die Fragen im Fragebogen nur „schlafende Hunde wecken würde". Die Befragung könnte dazu führen, dass die Angehörigen die anstehenden Veränderungen überdenken und ihre Betroffenen in eine andere Einrichtung bringen würden, die nicht ambulantisiert würde. Die Evaluation der Prozesse mit Angehörigen löste unter den MitarbeiterInnen Existenzängste aus. Wieso wird eine offene Kommunikation über Veränderungsprozesse, Risiken und Möglichkeiten gefürchtet? Es stellt sich die Frage, wie bisher mit den Angehörigen kommuniziert wurde. Der Fragebogen wurde daher kaum unter Angehörigen bekannt gemacht. Dies schränkte unsere evaluative Arbeit mit/über Angehörige stark ein.

Es ist schwierig Einblicke in unterschiedliche Prozesse des Projekts zu gewinnen. Auf Anfragen zur evaluativen Befragung in ihren Einrichtungen wurde auf Projektveranstaltungen wiederholt von Mitarbeitenden einzelner Einrichtungen deutlich gemacht, dass sie aktuell keine bzw. kaum Zeit haben sich mit dem Projekt und daher auch der Evaluation auseinanderzusetzen. Insbesondere die Terminfindung für die Face-to-Face Interviews litt und leidet weiterhin unter diesem Zeitmangel.

Als weiteres Problem bei der Terminfindung zu Einzelinterviews ist mittlerweile festzustellen, dass sich die regelmäßige direkte Kontaktaufnahme mit (teilweise nun ehemaligen) BewohnerInnen der stationären Einrichtungen schwierig gestaltet. Zu Beginn des Projektes konnte dies zumeist über die Betreuer geschehen. Die Einrichtungsleitung und Mitarbeitenden wurden angeschrieben und so über Dritte der Kontakt aufgenommen. Mittlerweile hat sich die Situation verändert. Dies ist direkt auf das Projekt rückführbar. Kontakt mit den dem Modellträger zugehörigen Menschen kann nur noch erschwert über die Hauptberuflichen des Trägers hergestellt werden, da diese im Privatbereich der Menschen mit Beeinträchtigung nun vielmehr als Gast agieren. Kontakt muss daher direkt zur Person hergestellt werden.

Dies ist zunächst als eine positive Entwicklung festzuhalten, da hierbei das Selbstbestimmungsprinzip gelebt wird. Rein praktisch stellt sich jedoch die Frage, inwieweit diese Vermittlerposition der Mitarbeitenden in unserem Fall kompensiert werden kann, da die meisten BewohnerInnen nicht über eine E-Mailadresse oder eine SMS-Anschrift verfügen. Den ersten Anlaufpunkt bilden hierbei nun die verschiedenen Vertretungsgremien.

<u>Zielsetzung der Einrichtungen:</u>

Im Zuge der Evaluation (insbesondere der Face-to-Face Interviews) konnte festgestellt werden, dass die Umstrukturierung der Hilfeleistung auf personenbezogene, ambulante Dienste nicht unbedingt in allen Bereichen des alltäglichen Lebens der (ehemaligen) BewohnerInnen direkt spürbar ist. So veränderte sich im Bereich des Wohnens in Teilen der Mietvertrag, nicht aber die Wohnsituation. Versorgungsgeld ersetzte in einer Einrichtung gemeinsames Kochen und Verpflegungssicherung. Die Arbeitssituation ist bei den meisten Betroffenen gleichgeblieben, ebenso die Freizeitangebote selbst. Es werden Flyer der Freizeitprogramme der AWO und anderen Trägern verteilt, aus denen sich Freizeitprogramme nach Belieben herausgewählt werden. Jedoch müssen sich die BewohnerInnen nicht mehr an- und abmelden, wenn sie das Haus verlassen und betreten, und müssen dadurch ihre Freizeitaktivitäten nicht offenlegen. Auch sind nicht mehr 24h-Mitarbeiter vor Ort. Vor diesen Beobachtungen könnte geschlussfolgert werden: personen- und bedarfsbezogener ja; vielfältiger und stärker in die Gesellschaft integriert nein.

Abschließend sollen noch einige kürzere offene Fragen aufgeführt werden:

Wie werden die OECD-Kriterien für Evaluationen in diesem Projekt sichergestellt bzw. welche Schwierigkeiten treten hierbei auf (Relevanz, Effektivität, Effizienz, Wirkung, Nachhaltigkeit)?

Wie entwickelt sich im Projektverlauf die Interaktion zwischen Menschen mit Beeinträchtigung und Mitarbeitenden, wie gehen sie miteinander um?

Welche Rolle spielt die Defensive Konzeption des BTHGs, die mehr Leistung ohne mehr Kosten verspricht?

Eine Unterscheidung zwischen den unterschiedlichen hauptberuflichen Akteuren (Fachkräfte, Assistenz, gesetzlicher Betreuer, Mitarbeitende, Betreuer) und ihrer Rollen im Leben des Menschen mit Beeinträchtigung war bereits zu Beginn des Projektes schwierig. Im Verlauf des Projektes nimmt dies zu, da sich die Rolle der Hauptberuflichen erwartungsgemäß wesentlich verändern sollte.

# 7 Handlungsempfehlungen

Im Anschluss an die Darlegung der oben aufgeführten Ergebnisse sollen hier im Sinne der formativen begleitenden Evaluation einige erste Handlungsempfehlungen formuliert werden.

## 7.1 Für das Projektbüro/die Modelleinrichtungen

- Vertrauen in die Entscheidungsfähigkeit der Menschen mit Beeinträchtigung fördern, als Kernelement des Prozesses.
- Prozessuale Barrierefreiheit im Projekt den eigenen Zielen entsprechend ermöglichen und durchführen (bspw. durch Förderung der Leichten Sprache auf Informationsveranstaltungen etc.)
- Angehörigenarbeit verstärken und Rückhalt des Projektes unter allen Beteiligten fördern.
- Bedeutsamkeit und Mehrwert des Projektes verstärkt betonen. Die Begeisterung für die Idee des Projektes muss immer wieder neu entfacht werden.
- Förderung des Kontakts zwischen Sozialraum und BewohnerInnen/Modellträger
- Das Projekt verstärkt im Sozialraum bewerben. Haltungsänderung und Diskurs in der Gesellschaft befördern. Werben und aufklären, damit die Idee der Personenzentrierung in der Gesellschaft ankommen kann. Den gesellschaftlichen Diskurs befördern.
- Den Sozialraum entdecken, Öffnung der Sonderwelten. Direkte Absprache mit Vereinen etc. in der Umgebung. Träger der Behindertenhilfe sollten in ihren Umbauprozessen hin zu einer personenzentrierten Arbeitsweise den Kontakt zu den Freizeit- und Sportstätten des Sozialraums aufnehmen und zur Förderung einer ersten Interaktion eine Liste der Vereine und Veranstaltungen entwickeln, die sich für die unterschiedlichen Formen der Beeinträchtigung eignet. Prinzipiell jedoch sollte die Auswahl der gewünschten Freizeitaktivitäten unbeeinflusst dessen stattfinden, was aktuell bereits als „barrierefrei" gehandhabt wird. Ziel sollte es nicht sein, Mögliches als wünschenswert zu präsentieren, sondern Gewünschtes möglich zu machen. Notwendigerweise geschieht dies vor der gänzlichen Ambulantisierung, da ansonsten dieselben Angebote unter einem anderen Mäntelchen weiterhin trägerintern oder –übergreifend angeboten und genutzt werden.

- Leichte Sprache durch „Kontrolleure“ auf den Veranstaltungen sicherstellen, beispielsweise durch Personen, die sich trauen eine „Rote Karte“ hochzuhalten.

## 7.2 Für das ISÖ – Institut für Sozialökologie

- Mehr in Kommunikation mit den Projektträgern treten
- Fragen zur Projektentwicklung in Zukunft so formulieren, dass ein Rückbezug auf die projektbedingten Entwicklungen möglich ist.
- TeilnehmerInnenquote der Onlinebefragung erhöhen

## 7.3 Für die Öffentlichkeit

Wenngleich das Projekt bereits zu Beginn als ein politisches wahrgenommen wurde, wie die Projektinitiierung im Gespräch zwischen dem Landesgeschäftsführer des Paritätischen Stefan Werner mit Prof. Opielka zu erkennen gibt, scheint es doch im politischen Bereich kaum Raum und Beachtung zu finden. Insbesondere im Verlauf der Online-Befragung wurde deutlich, dass politisch Aktive und MultiplikatorInnen auf Anfragen und Hinweise zur Teilnahme an der Befragung kaum bzw. nicht reagieren. Hieraus lässt sich durchaus schlussfolgern, dass das Projekt bislang kaum Relevanz im öffentlichen und politischen Raum erlangt hat.

Der aktuelle gesellschaftliche Diskurs über Prinzipien und Handlungsleitlinien im Bereich der Behindertenhilfe muss verstärkt in die Öffentlichkeit getragen werden. Nur ein öffentlich wirksamer Diskurs über die Möglichkeiten zur Verwirklichung und Umsetzung der Rechte von Menschen mit Beeinträchtigung kann zu einer Öffnung sozialräumlicher Angebote für Menschen mit Beeinträchtigung führen.

Ein größeres Bewusstsein für die Anrechte auf Teilhabe an jedweden gesellschaftlichen Aktivitäten in der Gesellschaft ist zu fördern. Konkrete Umsetzungsmöglichkeiten sind: rechtliche Verpflichtung zur barrierefreien Gestaltung von Sport- und Freizeitstätten. Partnerschaften zwischen Einrichtungen der Behindertenhilfe und Freizeitstätten sollten finanziell gefördert werden.

# 8 Schlussbemerkungen

Der vorliegende Zwischenbericht soll die Diskussion zwischen den Projektbeteiligten stimulieren und für das verbleibende Projektjahr offene Fragen sowohl in den Modelleinrichtungen, in den Verbänden und Gebietskörperschaften und allgemein im medialen und politischen Raum aufwerfen. Das Evaluationsteam freut sich über Anregungen und natürlich auch Kritik direkt unter der Mailanschrift:

teilhabethueringen@isoe.org

Rückblick auf das Jahr 2018:

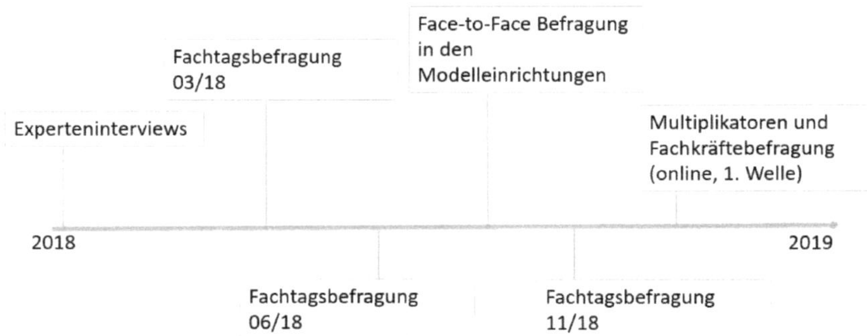


Ausblick auf die Jahre 2019/2020

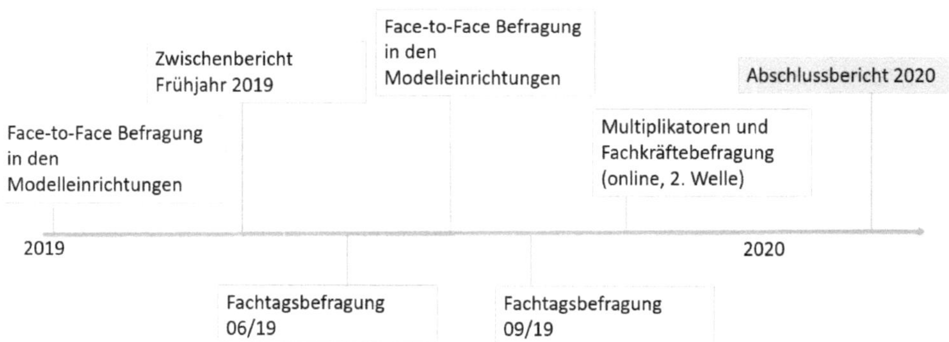

# 9 Literaturverzeichnis


Aichele, Valentin (2019): Eine Dekade UN-Behindertenrechtskonvention in Deutschland, in: *Aus Politik und Zeitgeschichte (Apuz)*, 6-7, S. 4-10.

Aktion Mensch Stiftung (2017): Wie macht man Teilhabe? – Inklusion durch Umbau der Angebote gemeinsam verwirklichen. Ms. Stand 25.04.2017.

BMAS – Bundesministerium für Arbeit und Soziales (2019): Zweiter und dritter Staatenbericht der Bundesrepublik Deutschland zum Übereinkommen der Vereinten Nationen über die Rechte von Menschen mit Behinderungen. Berlin. Abrufbar unter: https://www.bmas.de/DE/Presse/Meldungen/2019/staatenbericht-umsetzung-behindertenrechtskonvention.html

Burmester, Monika/Wohlfahrt, Norbert (2019): Wozu die Wirkung Sozialer Arbeit messen? Eine Spurensicherung. *Soziale Arbeit kontrovers 18*. Berlin/Freiburg: Deutscher Verein/Lambertus.

Gerlach, Florian/Hinrichs, Knut (2019): Die Einführung von Instrumenten der Wirkungssteuerung durch das Bundesteilhabegesetz und ihre rechtlichen Implikationen – Teil 1, in: *NDV – Nachrichtendienst*, 9, 99. Jg., S. 413-417, Teil 2, in: *NDV – Nachrichtendienst*, 10, 99. Jg., S. 466-467.

Gromann, Petra/Brückner, Anke (2014): Wie misst man Teilhabe in der Eingliederungshilfe? Abschlussbericht zum Projekt. BAGFW und Aktion Mensch, Fulda. Abrufbar unter: https://www.bagfw.de/fileadmin/user_upload/Qualitaet/WmmT/Wissenschaftlicher_Abschlussbericht_IPH.pdf

Infas - Institut für angewandte Sozialwissenschaft (2017): *Repräsentativbefragung zur Teilhabe von Menschen mit Behinderungen. Zwischenbericht*. Forschungsbericht 492. Bonn: Bundesministerium für Arbeit und Soziales.

Infas - Institut für angewandte Sozialwissenschaft (2018): *Repräsentativbefragung zur Teilhabe von Menschen mit Behinderungen. 2. Zwischenbericht*. Forschungsbericht 512. Bonn: Bundesministerium für Arbeit und Soziales.

Klie, Thomas (2019): Das Bundessozialgericht und die Eingliederungshilfe als „lernendes System“, in: *NDV – Nachrichtendienst*, 9, 99. Jg., S. 397-400.

Köbsell, Swantje (2019): 50 behindertenbewegte Jahre in Deutschland, in: *Aus Politik und Zeitgeschichte (Apuz)*, 6-7, S. 24-30.

TMASGFF – Thüringer Ministerium für Arbeit, Soziales, Gesundheit, Frauen und Familie (2019): Thüringer Maßnahmenplan zur Umsetzung der UN-Behindertenrechtskonvention – Version 2.0. Erfurt.

Wacker, Elisabeth (2019): Behinderung erfassen und Teilhabe messen, in: *Aus Politik und Zeitgeschichte (Apuz)*, 6-7, S. 12-18.

# 10 Autorinnen und Autoren

Prof. Dr. Michael Opielka, Dipl. Päd.

Prof. Dr. Michael Opielka ist Wissenschaftlicher Leiter und Geschäftsführer des ISÖ - Institut für Sozialökologie in Siegburg und Professor für Sozialpolitik an der Ernst-Abbe-Hochschule Jena. 2012 bis 2016 leitete er zudem das IZT - Institut für Zukunftsstudien und Technologiebewertung in Berlin. 2015 Gastprofessor für Soziale Nachhaltigkeit an der Universität Leipzig. Visiting Scholar UC Berkeley (1990-1, 2005-6). Diplom (Univ. Tübingen 1983) in Erziehungswissenschaften (Sozialpädagogik), Promotion (HU Berlin 1996) und Habilitation (Univ. Hamburg 2008) in Soziologie.

Magdalena Wisskirchen, B.A.

Magdalena Wißkirchen arbeitet seit Juni 2018 als Junior Researcher im ISÖ - Institut für Sozialökologie. Sie erwarb im März 2018 ihren Bachelor of Arts der Sozialen Arbeit an der Ernst-Abbe Hochschule in Jena. In ihrer Bachelorarbeit „Nachhaltigkeit als professions-ethischer Diskurs in der Sozialen Arbeit" beschäftigte sie sich mit der Frage, ob Soziale Arbeit in besonderer Form mit nachhaltiger Entwicklung in Verbindung steht, beziehungsweise was die Profession Soziale Arbeit in ihrer Beziehung zur Nachhaltigkeit von anderen Professionen unterscheiden könnte. Während des Studiums arbeitete sie als Aushilfskraft bei den Wurzelwerke e.V., einer sozialarbeiterischen Einrichtung, die landwirtschaftliche Tätigkeiten, pädagogische Maßnahmen und solidarische Landwirtschaft vereint. Zudem war sie für das Netzwerk JugendUmweltBildung Thüringen (JUBiTh) als Teamerin tätig. Seit April 2018 arbeitet sie zudem im Jugendzentrum Otto Naumburg.

# 11 Anhang

1. Evaluationskonzept für Aktion Mensch Stiftung vom 17.7.2017 mit 2 Anlagen:

   Anlage a: Angestrebte und erwartete Wirkungen

   Anlage b: Konzeption Evaluation ISÖ

2. Leitfaden für Experteninterviews (Stand 9.10.2017)
3. Fragebogen für Fachtage (Stand 25.5.2018)
4. Fragebogen Begehungsprotokoll (Stand 27.11.2017)
5. Fragebogen Online-Erhebung (Stand 12.11.2018)
6. Programm Fachtag 5.11.2019 an der EAH Jena

**Antrag Stiftung Aktion Mensch**
**Antragsnummer: 50164567**
**Bewilligungs-Nr. 0008/0601/0002**

**„Wie macht man Teilhabe? – Inklusion durch Umbau der Angebote gemeinsam verwirklichen" - Evaluationskonzept**

## 1. Projektziele

Das Projekt hat das primäre Ziel, Menschen mit Behinderungen in ihren Wahlmöglichkeiten für ihre persönliche Lebensgestaltung zu stärken. Durch konsequente Partizipation und Personenzentrierung sollen sie befähigt werden, notwendige Veränderungsprozesse der Eingliederungshilfe aktiv mitzugestalten.
Des weiteren ist Ziel des Projektes klassische Angebote der bisher stationären und teilstationären Eingliederungshilfe gemeinsam mit Leistungsträgern, Leistungserbringern und weiteren Akteuren in personenzentrierte ambulante Angebote weiterzuentwickeln und diesen Prozess transparent darzustellen. Hierbei stehen Fragen der Konzept-, Organisations- und Personalentwicklung sowie der Entwicklung neuer Vergütungsstrukturen im Zentrum der Betrachtung.

## 2. Zielgruppen für die Evaluation

Zielgruppen des Projektes und damit auch der Evaluation sind Menschen mit psychischen, geistigen und/oder körperlichen Behinderungen, die aktuell vorrangig in stationären Wohnformen leben sowie Angebote der Tagesstruktur trägernah wahrnehmen und damit in „Sonderwelten" leben und deren Angehörigen und/oder Betreuer, die die Lebensplanung aktiv mitgestalten.

Darüber sind die Leitungen und MitarbeiterInnen der drei Modellträger Lebenshilfe Weimar-Apolda, CJD Erfurt und Bodelschwinghof Mechterstädt sowie NetzwerkpartnerInnen und NutzerInnen der geplanten Veranstaltungen in die Evaluation einbezogen.

## 3. Angestrebte und erwartete Wirkungen

Verweis auf Anlage 1

## 4. Selbstevaluation und Reflexion innerhalb des Projektes durch das Projektbüro

Die Ergebnisse der Arbeitsgremien und Workshops werden durch das LIGA-Projektbüro dokumentiert und im Hinblick auf Zufriedenheit, Schaffung neuer Beteiligungsstrukturen, Nachhaltigkeit und Verbesserungsvorschläge ausgewertet. Die (Zwischen)Ergebnisse, Lösungsansätze und Problemanzeigen in der Umsetzung des Projektes werden fortlaufend dokumentiert und in entsprechenden Beratungsgremien diskutiert. Vierteljährlich werden die wesentlichen Ergebnisse zum jeweiligen Projektstand zusammengetragen und analysiert. Bei den angebotenen Veranstaltungen werden nach jedem Workshop Teilnehmerbefragungen zur Veranstaltungsevaluation in leichter Sprache erfolgen. Diese werden ausgewertet und dienen der Qualitätsentwicklung von Teilhabeformaten. Die durchgeführten Beratungen, Veranstaltungen o. ä. werden tabellarisch erfasst (Wer mit wem zu welchem Thema, Ergebnis). Die vorgegeben Meilensteine werden regelmäßig geprüft, analysiert, angepasst/weiterentwickelt.

## 5. Evaluation durch das Institut für Sozialökologie (ISÖ)

Verweis auf Evaluationskonzept, Stand 05.07.2017 – Anlage 2

## 6. Daten für Evaluation

Im ersten Schritt wird durch das Projektbüro mit Hilfe eines Interviewleitfadens der aktuelle Ist-Stand in den drei Modellprojekten auf Leitungsebene mit Blick auf die Zielgruppen (Wo leben die Menschen mit Behinderung heute, was nutzen sie, was gibt es in der Region, ...), die Rahmenbedingungen (Organisation, Personalausstattung, ...) und die Erwartungen ( Wünsche, Befürchtungen, ...) erhoben.

Für die Evaluation durch das *Institut für Sozialökologie* werden in enger Abstimmung u. a. folgende Elemente genutzt:

- Berichtswesens anhand des Meilensteinplans (innerhalb der Prozessstrukturen und nach außen)
- Beschreibung der genutzten Partizipationsmöglichkeiten für Menschen mit Behinderungen und Erarbeitung eines Leitfadens zur Umsetzung der best-practice-Modellen (z. B. „Gelingende Partizipation von Menschen mit psychischen Behinderungen in Veränderungsprozessen")
- Materialien in einfacher Sprache, z. B. „Wie kann ich mich beteiligen?",
- Tagungsmaterialien,
- Zusammenfassung der Erfahrungen und Formulierung in einem Handlungsleitfaden „Wie macht man Teilhabe"
- Dokumentation der Ergebnisse der Arbeitsgremien und Workshops .
- Vierteljährliche Berichte zu wesentlichen Ergebnisse zum jeweiligen Projektstand
- und weitere.

## 7. Geplante Evaluation des ITP-Prozesses auf Landesebene

Das Land Thüringen plant eine Evaluation des Gesamtprozesses „Einführung Integrierte Teilhabeplanung in Thüringen". Der Zeitpunkt ist noch offen. Es wurde vereinbart, dass die Projektergebnisse in diese Evaluation einfließen werden.

Erfurt, 17.07.2017

**Anlage 1**

Stand 17.07.17

**Angestrebte und erwartete Wirkungen**

| auf der Ebene der Zielgruppe | auf der Ebene des Leistungserbringers/Personals | auf der Ebene Angehörige und/oder gesetzliche Betreuer | auf gesellschaftlicher Ebene |
|---|---|---|---|
| Die beteiligten Menschen mit Behinderungen sind informierter und verfügen über mehr Optionen im Hinblick auf eine selbst gestaltete Lebensführung. | Notwendige Schritte der Organisations- und Personalentwicklung und ggf. des Immobilienmanagements sind bekannt, Controlling-Systeme werden angepasst, das Risiko-Management wird verbessert | Angehörige, gesetzliche BetreuerInnen haben größeres Vertrauen in Entscheidungen der Menschen mit Behinderungen und unterstützen aktiver deren selbstgewählte Ziele. | Die aktive Einbeziehung von Menschen mit Behinderungen, deren Vertreter, Angehörige, Betreuer sowie Vertreter von Interessen- und Fachverbänden von Menschen mit Behinderungen wird dauerhaft etabliert und gesichert. Unabhängig von diesem Projekt und über die Eingliederungshilfe hinaus werden Impulse für mehr Teilhabe von Menschen im Gemeinwesen gegeben. |
| Alle projektrelevanten Prozesse sind für Menschen mit Behinderungen zugänglich (prozessuale Barrierefreiheit,) um Partizipation und Transparenz zu gewährleisten. | Neue Berufsprofile und veränderte Anforderungen zur Unterstützung und Beschreibung personenzentrierter Leistungen (z. B. Case-, Netz- und Teilhabemanagement) sind identifiziert und die benötigten Ressourcen und Kompetenzen beispielhaft dargestellt. | Sie unterstützen die Um- und Neugestaltung der Angebote, ihre Skepsis im Hinblick auf Leistungslücken ist zerstreut. | Die Unterstützung zur Bereitstellung personenzentrierter Hilfen und ihres Ausbaus, wie z. B.:<br>barrierefreier Wohnraum,<br>inklusive Bildungs- und Freizeitangebote,<br>Verbesserung des ÖPNV (Mobilitätsverbesserung),<br>differenzierte Angebote für Arbeit und Beschäftigung ist aktiviert. |
| Zusätzlicher Fachtage für Menschen mit Behinderungen dienen dazu, ihnen mehr Informationen zu rechtlichen und sozialpolitischen Fragen und Entwicklungen zur Verfügung zu stellen und Raum für | Neue Formen und Finanzierungslogiken personenzentrierter Hilfen sind erarbeitet. | | Eine Überprüfung der Curricula von Fachschulen (HEP, Erzieher) wird angeregt, um die Ausbildung neuer Assistenzberufe auf dem Hintergrund personenzentrierter Hilfen zu initiieren (der Assistent als |

**Anlage 1**

Stand 17.07.17

## Angestrebte und erwartete Wirkungen

| Diskussionen zu bieten. | | | „Teilhabemanager“ |
|---|---|---|---|
| Es werden praktische Erkenntnisse gewonnen, wie Beratung für Menschen mit Behinderungen effektiv und barrierearm gestaltet werden kann und im Handlungsleitfaden „Wie macht man Teilhabe?“ dokumentiert | Die Anforderungen des neuen Bundesteilhabegesetzes sind berücksichtigt | | |

ISÖ
Institut für
Sozialökologie

**Konzept für eine Evaluation des Projektes**

**„Wie macht man Teilhabe? – Inklusion durch Umbau der Angebote gemeinsam verwirklichen"**

**an die LIGA Thüringen zur Vorlage bei der AKTION MENSCH Stiftung**

## 1. Hintergrund

Seitens des Paritätischen Thüringen wurden Prof. Dr. Erich Schäfer und Prof. Dr. Michael Opielka für eine Evaluation des Projektes „Wie macht man Teilhabe? – Inklusion durch Umbau der Angebote gemeinsam verwirklichen" angefragt, hierzu lag die Projektskizze in der Fassung vom 25.4.2017 vor. Die Angefragten sind zugleich Hochschullehrer am Fachbereich Sozialwesen der Ernst-Abbe-Hochschule Jena und Funktionsträger im ISÖ – Institut für Sozialökologie gemeinnützige GmbH, Prof. Schäfer als Senior Fellow, Prof. Opielka als Wissenschaftlicher Leiter und Geschäftsführer. Aufgrund von Gesprächen insbesondere mit dem Landesgeschäftsführer des Paritätischen, Herrn Stefan Werner, und Frau Renate Rupp, Referentin, wurde das vorliegende Angebot erstellt. In diesen Gesprächen wurde deutlich, dass die gewünschten Evaluationsleistungen grundständig nicht durch studentische Forschungen erbracht werden können. Das vorliegende Angebot öffnet daher Modulleistungen, die durch hauptberufliche und erfahrene WissenschaftlerInnen des ISÖ erbracht werden, für studentische Projektangebote. Die durch die Projektleitung gewährleistete Anbindung an die Ernst-Abbe-Hochschule Jena garantiert die Ansprache interessierter Studierender, die Bereitschaft zur Kooperation im Rahmen von Qualifizierungsleistungen und das Einfließen der Projektergebnisse in die Lehre. Im Folgenden beziehen wir uns auf das Angebot der LIGA Thüringen an die Aktion Mensch Stiftung vom 25.4.2017.

## 2. Zielgruppen für die Evaluation

Primäre Zielgruppe des Projektes sind Menschen mit psychischen, geistigen und/oder körperlichen Behinderungen, die aktuell vorrangig in stationären Wohnformen leben sowie Angebote der Tagesstruktur trägernah wahrnehmen und damit in „Sonderwelten" leben und deren Angehörige und/oder Betreuer, die die Lebensplanung aktiv mitgestalten. Konkret sind dies:

- 70 Personen mit psychischen Erkrankungen, die derzeit Angebote des „Bodelschwingh-Hofs Mechterstädt" nutzen,

- 10 Menschen mit geistiger und/oder körperlicher Beeinträchtigung, die derzeit Angebote des „Christlichen Jugenddorfs Deutschland" in Erfurt nutzen,
- 100 Personen mit psychischer und geistiger Behinderung, die derzeit Angebote der „Lebenshilfe Weimar/Apolda e. V." nutzen
- Angehörige, Betreuer und Vertrauenspersonen.

Die zweite Zielgruppe der Evaluation setzt sich zusammen aus den unmittelbar Projektbeteiligten (im Folgenden „Fachkräfte"):

- Vertreter der Verbände im Zusammenschluss der LIGA Thüringen (zwei Vertreter LIGA-Hauptausschuss, ReferentInnen der Verbände aus dem Bereich Eingliederungshilfe
- LIGA Projektbüro mit zwei MitarbeiterInnen
- Fa. Contec für externe Beratung im Bereich Betriebswirtschaft/Organisations- und Personalentwicklung
- Leitung und MitarbeiterInnen der drei Modellträger Lebenshilfe Weimar-Apolda, CJD Erfurt und Bodelschwinghof Mechterstädt

sowie den mittelbar Projektbeteiligten (im Folgenden: „Multiplikatoren"):

- TMASGFF
- Kommunale Spitzenverbände
- Regionale Leistungsträger

und

- allen beteiligten Akteure im Rahmen der Eingliederungshilfe in Thüringen

Insgesamt ist von ca. 500 Personen auszugehen, die *direkt* am Projekt beteiligt sind. Aus methodischen Gründen erfolgt für die standardisierte Befragung eine Konzentration auf vier Akteursgruppen: Menschen mit Behinderungen, Angehörige/Betreuer, Fachkräfte und Multiplikatoren sowie zwei übergeordnete Ziele: Mitgestaltung von Menschen mit Behinderungen und institutionelle/organisatorische Veränderungen.



## 3. Ziele und Herangehensweise

Das Projekt hat das primäre Ziel, Menschen mit Behinderungen ihre Wahlmöglichkeiten für eine individuelle Lebensgestaltung aufzuzeigen. Durch konsequente Partizipation und Personenzentrierung sollen sie gestärkt und befähigt werden, notwendige Veränderungsprozessen der Eingliederungshilfe aktiv mitzugestalten.

Operatives Ziel des Projektes ist es, klassische Angebote der bisher stationären und teilstationären Eingliederungshilfe gemeinsam mit Leistungsträgern, Leistungserbringern und weiteren Akteuren in personenzentrierte ambulante Angebote weiterzuentwickeln und diesen Prozess transparent darzustellen. Hierbei stehen Fragen der Konzept-, Organisations- und Personalentwicklung sowie der Entwicklung neuer Tätigkeitsfelder und Vergütungsstrukturen im Zentrum der Betrachtung.

Das Evaluationskonzept konzentriert sich angesichts der zur Verfügung stehenden Ressourcen auf vier Module:

- **Modul 1** ist eine kontinuierliche, standardisierte[1] Teilnehmerbefragung in leichter Sprache[2] im Rahmen aller im Projekt durchgeführten Seminare/Workshops/Fachtagungen, um den Prozess zur Umsetzung der Projektziele zu unterstützen, d.h.:

[1] Der Fragebogen enthält allgemeine demographische und projektspezifische Fragestellungen.
[2] Der Transfer in leichte Sprache wird durch das Projektbüro sichergestellt.

- Auftaktworkshop zur Projektvorstellung für die beteiligten Menschen mit Behinderungen je Projektregion: unterschiedlich entsprechend Projektregion
- Auftaktworkshop zur Gewinnung potentieller regionaler Kooperationspartner je Projektregion: jeweils 20 TeilnehmerInnen
- Austausch der Projektträger, vierteljährlich: 20 TeilnehmerInnen
  - Fünf Fachtage für Menschen mit Behinderungen (Themen: Wie kann ich mich beteiligen? Wie möchte ich leben? usw.): je Fachtag mind. 40 TeilnehmerInnen
  - Offener Workshop für an den Projektergebnissen Interessierte (einmalig in 2018 und 2019): jeweils 50 TeilnehmerInnen
  - Fachtagung zur Vorstellung der Abschlussergebnisse 2020: 100 TeilnehmerInnen

Der Fragebogen soll inklusiv angelegt werden, so dass er für alle TN-Gruppen, auch beispielsweise für Angehörige und Betreuer, relevant ist. Er soll (in der Regel offene) Fragefelder beinhalten, die auch bei Wiederholung Teilnahmeanreize bieten. Der Fragebogen kann auch online beantwortet werden (mit kodiertem Zugang).

- **Modul 2** eine jährliche, standardisierte Fachkräfte- und Multiplikatorenbefragung (online). Fokus sind hier die Bewertung der Mitgestaltung sowie institutionelle und organisatorische Veränderungen. Der Einsatz der Fragebogen bei Modul 1 durch und bei Modul 2 mit Unterstützung durch das Projektbüro, die Fragebogenentwicklung und -auswertung (Dateneingabe, Analyse) durch ISÖ.

- **Modul 3** eine kontinuierliche textanalytische Auswertung aller in maschinenlesbarem Text vorliegenden Ergebnisse der Arbeitsgremien und Workshops mit Hilfe der Software MAXQDA; hierzu gehören insbesondere Beiträge zur Selbstevaluation und Reflexion innerhalb des Projektes durch das Projektbüro, da die Ergebnisse der Arbeitsgremien und Workshops durch das LIGA-Projektbüro dokumentiert und im Hinblick auf Zufriedenheit, Schaffung neuer Beteiligungsstrukturen, Nachhaltigkeit und Verbesserungsvorschläge ausgewertet werden. Konkret werden den Evaluatoren auch folgende Daten zur Verfügung gestellt: Berichtswesen anhand des Meilensteinplans (innerhalb der Prozessstrukturen und nach außen); Beschreibung der genutzten Partizipationsmöglichkeiten für Menschen mit Behinderungen und Erarbeitung eines Leitfadens zur Umsetzung der best-practice-Modellen (z. B. „Gelingende Partizipation von Menschen mit psychischen Behinderungen in Veränderungsprozessen"); Materialien in einfacher Sprache, z. B. „Wie kann ich mich beteiligen?"; Tagungsmaterialien; O-Töne von TagungsteilnehmerInnen; Zusammenfassung der Erfahrungen und Formulierung in einem Handlungsleitfaden „Wie macht man Teilhabe"; Dokumentation der Ergebnisse der Arbeitsgremien und Workshops; vierteljährliche Berichte zu wesentlichen Ergebnisse zum jeweiligen Projektstand.



- **Modul 4** beinhaltet die Verifikation der in Modul 1 bis 3 gewonnenen Daten und Dateninterpretationen im Rahmen eines jährlichen Workshops mit dem LIGA-Projektbüro und weiteren vom Auftraggeber benannten Personen und die Erstellung eines zur Veröffentlichung geeigneten wissenschaftlichen Abschlussberichts. Im Rahmen der Verifikation (formative Evaluation) können auch Adaptionen der Erhebungsinstrumente vorgenommen werden ohne die Vergleichbarkeit in der Zeitreihe zu gefährden (bspw. durch die Integration zusätzlicher Fragen/Indikatoren).

## 4. Ressourcenplan

| Arbeitsmodule |
|---|
| **Modul 1: Nutzerbefragung (Pencil/online)** |
| - 4-5 Experteninterviews zur Indikatorenbildung für die Wirkungsanalyse<br>- Instrumentenentwicklung (Fragebogen; Unterstützung leichte Sprache durch Auftraggeber), Pretest<br>- Dateneingabe und jährliche Auswertung (bei jährlich ca. 500 TN-Tagen insg. ca. 1.500 Fragebögen)<br>Ergebnis: Zusammenfassende Auswertung<br>Berechnungsgrundlage: Desk Research, 10 Personentage |
| **Modul 2: Fachkräfte- und Multiplikatorenbefragung (online)** |
| - Instrumentenentwicklung (Fragebogen), Test<br>- Dateneingabe und jährliche Auswertung (insgesamt ca. 300 Fragebögen)<br>Ergebnis: Zusammenfassende Auswertung<br>Berechnungsgrundlage: Desk Research, 6 Personentage |
| **Modul 3: Textanalyse** |
| - Textanalytische Auswertung der durch das Projektbüro zur Verfügung gestellten Ergebnisdokumente<br>- Dokumentation und Interpretation<br>Bewertungsgrundlage: Desk Research, 3 Personentage |
| **Modul 4: Jährlicher Evaluations-Workshop** |
| - Teilnahme und Beratung jährlicher Workshop<br>- Zwischenbericht der Evaluation (formative Evaluation), Abschlussbericht<br>Bewertungsgrundlage: WS-Teilnahme, Desk Research, 3 Personentage |
| **Reisekosten** zu Expertengesprächen, Workshops<br>*(sofern studentische Forschergruppen gewonnen werden können, werden bis zu 500 Euro jährlich aus dieser Position der Ernst-Abbe-Hochschule Jena zur Verfügung gestellt[3])* |
| ***Summe = 22 Personentage in 3 Jahren*** |

Das ISÖ als gemeinnützige GmbH kalkuliert auf Selbstkostenbasis in Anlehnung an den TVÖD und das BRKG. Diesem Angebot wurde ein reduzierter Tagessatz von 500 Euro netto zugrunde gelegt. Für dieses Angebot gilt der Mehrwertsteuersatz von 19 Prozent.

Das vorliegende Evaluationskonzept geht davon aus, dass das Projekt seitens des Auftraggebers aktiv unterstützt wird. Dies betrifft insbesondere die Kommunikation mit Experten im Modellprojekt, den Einsatz der standardisierten Erhebungsinstrumente und die Organisation der jährlichen Evaluationsworkshops. Es besteht Einvernehmen, dass eine wissenschaftliche Veröffentlichung der Projektergebnisse erfolgen soll, für die der Unternehmer die Verantwortung trägt.

Siegburg, den 5. Juli 2017

Prof. Dr. Michael Opielka, Geschäftsführer und Wissenschaftlicher Leiter



[3] Beispielsweise wäre eine qualitativ vertiefende Zusatzarbeit zu einer kleineren Zahl von Fallanalysen aus der primären Zielgruppen durch Studierende denkbar, für die die üblichen ethischen Voraussetzungen gelten (Einverständnis- und Vertraulichkeitserklärungen usf.).

ISÖ
Institut für
Sozialökologie

## Evaluationskonzept für das Projekt „Wie macht man Teilhabe? – Inklusion durch Umbau der Angebote gemeinsam verwirklichen" der LIGA Thüringen

## Leitfaden für Experteninterviews zur Indikatorenbildung für die Wirkungsanalyse

Herzlichen Dank, dass Sie sich heute die Zeit für ein Interview nehmen.

Finanziert von der Aktion Mensch Stiftung wird das ISÖ – Institut für Sozialökologie bis zum Jahr 2020 das Projekt der LIGA Thüringen evaluieren. Es hat vor allem das Ziel, Menschen mit Behinderungen ihre Wahlmöglichkeiten für eine individuelle Lebensgestaltung aufzuzeigen. Durch konsequente Partizipation und Personenzentrierung sollen sie gestärkt und befähigt werden, notwendige Veränderungsprozesse der Eingliederungshilfe aktiv mitzugestalten.

Ein weiteres Ziel des Projekts ist es, klassische Angebote der bisher stationären und teilstationären Eingliederungshilfe gemeinsam mit Leistungsträgern, Leistungserbringern und weiteren Akteuren in personenzentrierte ambulante Angebote weiterzuentwickeln und diesen Prozess transparent darzustellen. Hierbei stehen Fragen der Konzept-, Organisations- und Personalentwicklung sowie der Entwicklung neuer Vergütungsstrukturen im Zentrum der Betrachtung.

Weitere Informationen zum Projekt finden Sie unter: http://www.isoe.org/projekte/laufende-projekte/evaluationskonzept-wie-macht-man-teilhabe-inklusion-durch-umbau-der-angebote-gemeinsam-verwirklichen/

Der Leitfaden dieses Interviews basiert auf vorab festgelegten Themenfeldern und ich stelle Ihnen pro Themenfeld mehrere Fragen. Das Expertengespräch[1] hat zum Ziel, ein Set an Indikatoren für die Evaluation des Projekts zu entwickeln. Somit ist der Fragebogen die Vorrunde zur Fachkräfte- und Multiplikatorenbefragung, um feststellen zu können, was im Projektverlauf abgefragt werden muss, um eine ganzheitliche Wirkungsanalyse durchführen zu können.

*Vorab noch eine wichtige Frage: Darf ich das Interview aufzeichnen, um es später zu transkribieren? Die Aufnahme wird danach gelöscht. Der Interviewinhalt bleibt vertraulich und wird nur anonymisiert verwendet.*

**Inklusion & Eingliederungshilfe**

1. Ganz allgemein: Was bedeutet für Sie persönlich Inklusion?

2. Wie bewerten Sie die klassischen Angebote der bisher stationären und teilstationären Eingliederungshilfe? Können Sie mir den momentanen IST-Zustand aus Ihrer Perspektive beschreiben?

---

[1] Unter „Experte" werden hier NICHT explizit Menschen mit Behinderungen verstanden, sondern alle Akteure, die aktiv an der Umgestaltung der Angebote hin zu personenzentrierten ambulanten Angeboten mitwirken.

3. In welchen Bereichen müssen diese klassischen Angebote weiterentwickelt werden, damit die Bedürfnisse der Menschen mit besonderer Begabung erfüllt werden?

4. Ist Ihnen das vorangegangene Projekt „Wie misst man Teilhabe in die Eingliederungshilfe?" bekannt?

**„Mitgestaltung von Menschen mit Behinderungen"**

5. Unsere primäre Zielgruppe sind Menschen mit psychischen, geistigen und/oder körperlichen Behinderungen. Was muss ganz allgemein passieren, dass eine aktive Mitgestaltung der Eingliederungshilfe erzielt wird?

6. Welche Faktoren und Akteure müssen dabei berücksichtigt werden? (Menschen mit besonderer Begabung, Angehörige/Betreuer, Mitarbeitende etc.)

7. Welche Themenbereiche müssen in diesem Projekt Ihrer Meinung nach auf jeden Fall untersucht werden, da dort die Einbindung besonders wichtig ist? (z.B. Wohnen, Arbeit etc.)

8. Welche Risiken und Grenzen der Einbindung sehen Sie?

9. Wo ist ihrer Meinung nach keine Einbindung möglich? (z.B. Bau, Finanzierung, Prozesse, Qualität etc.)

**„Institutionelle/ organisatorische Veränderungen"**

10. Welche Änderungsbedarfe/Entwicklungsbedarfe der Institutionen sehen und erwarten Sie?

11. Was erwarten Sie konkret von der Führungsebene/ den Fachkräften/ den Trägern/ den Multiplikatoren[2] im Prozess hin zu personenzentrierten ambulanten Angeboten?

12. Abschließend, können Sie mir die für Sie persönlich wesentlichen Chancen und Barrieren hin zu personenzentrierten ambulanten Angeboten noch einmal nennen?

13. Was erwarten Sie von den einzelnen Veranstaltungen dieses Projekts?

14. Welche Wirkung erhoffen Sie sich während und nach Abschluss des Projekts?

15. Welchen Beitrag kann dieses Projekt zur Umsetzung des BTHG bringen?

**Vielen Dank!**

---

[2] wie TMASGFF, kommunale Spitzenverbände und regionalen Leistungsträgern

Gefördert durch die

LIGA der Freien Wohlfahrtspflege in Thüringen e. V.

## Frage-Bogen

Wir haben einige Fragen zur Veranstaltung aufgeschrieben.
Bitte füllen Sie diese Fragen aus.
Sie helfen uns dabei,
dass wir den nächsten Fach-Tag noch besser machen können.
Wenn Sie Hilfe brauchen,
fragen Sie uns bitte.
Wir helfen gerne.
Zu vielen Fragen gibt es in einem Kasten Beispiele.

**Allgemeine Fragen**

Bitte kreuzen Sie nur eine Antwort an.
Wenn Sie etwas ergänzen möchten,
weil Ihnen zum Beispiel etwas nicht gefallen hat,
schreiben Sie dies gern neben oder unter die jeweilige Frage.

1. **Wie alt sind Sie?**

   ______________________

2. **Sind Sie eine Frau oder ein Mann?**

   Frau ☐ Mann ☐

3. **Haben Sie alles verstanden?**

Ja ☐ teils / teils ☐ nein ☐ weiß nicht ☐

**Zum Beispiel:**

War der Redner laut genug?

Hat jemand zu schwere Wörter benutzt?

Konnten Sie alles gut erkennen?

4. **Konnten Sie sich äußern?**

Ja ☐ teils / teils ☐ nein ☐ weiß nicht ☐

**Zum Beispiel:**

Konnten Sie alles sagen,
was Ihnen wichtig war?

Konnten Sie fragen,
wenn Sie etwas nicht verstanden haben?

5. **War die Veranstaltung gut organisiert?**

Ja ☐ teils / teils ☐ nein ☐ weiß nicht ☐

**Zum Beispiel:**

Konnten Sie sich gut zurecht finden?

War das Essen gut?

War der Ablauf klar?

**6. War die Veranstaltung barriere-frei?**

Ja ☐ teils / teils ☐ nein ☐ weiß nicht ☐

> **Zum Beispiel:**
>
> Konnte man mit einem Rollstuhl überall hinkommen?
>
> Gab es genug Informationen in Leichter Sprache?

---

**7. Haben Themen gefehlt?**

Ja ☐ teils / teils ☐ nein ☐ weiß nicht ☐

> **Zum Beispiel:**
>
> Hätten Sie gerne über weitere Themen reden wollen?
>
> Hätten wir einen anderen Redner organisieren sollen?

---

**8. Hat Ihnen die Veranstaltung gefallen?**

Ja ☐ teils / teils ☐ nein ☐ weiß nicht ☐

> **Zum Beispiel:**
>
> War das Thema interessant?
>
> War das Essen gut?
>
> Waren die Organisatoren freundlich?

**9. Gab es zu der Veranstaltung genügend Informationen in Leichter Sprache?**

Ja ☐ teils / teils ☐ nein ☐ weiß nicht ☐

> **Zum Beispiel:**
> Gibt es alles Geschriebene auch in Leichter Sprache?
> Benutzen die Redner keine Wörter in einer anderen Sprache?
> Gibt es die „rote Karte“ für Leichte Sprache?

---

**10. Konnten Sie sagen,
dass Sie besondere Hilfe brauchen?**

Ja ☐ teils / teils ☐ nein ☐ weiß nicht ☐

> **Zum Beispiel:**
> Hat man Sie gefragt
> oder konnten Sie aufschreiben,
> dass Sie einen Assistenten brauchen?
> Oder einen Gebärden-Sprach-Dolmetscher?

---

**11. Konnten Sie aktiv bei der Veranstaltung mitmachen?**

Ja ☐ teils / teils ☐ nein ☐ weiß nicht ☐

> **Zum Beispiel:**
> Konnten Sie mitmachen?
> Hatten Sie das Gefühl,
> dass Sie die Veranstaltung mitgestalten konnten?

---

**12. Was hätte es leichter gemacht, bei der Veranstaltung mitzumachen?**

Bitte schreiben Sie das hier auf:___________________________

___________________________________________________

___________________________________________________

| Vielleicht haben wir etwas vergessen.<br>Schreiben Sie das bitte auf. |
|---|

---

**13. Wenn Sie bei einer Frage <u>teils / teils</u> oder <u>nein</u> angekreuzt haben, schreiben Sie hier bitte auf warum:**

________________________________________

________________________________________

___________________________________________________

___________________________________________________

___________________________________________________

| Wir möchten die Veranstaltung besser machen.<br>Deshalb wollen wir wissen,<br>was Sie nicht so gut fanden. |
|---|

**Vielen Dank,**

**dass Sie diesen Frage-Bogen ausgefüllt haben!**

**Damit haben Sie uns sehr geholfen.**

## Der Text in Leichter Sprache ist von:

Der Text ist erstellt und geprüft vom
Büro für Leichte Sprache im CJD Erfurt.
Große Ackerhofsgasse 15
99084 Erfurt
Telefon: 03 61 – 65 88 66 87
leichte-sprache@cjd-erfurt.de
www.büro-für-leichte-sprache.de

**Die Bilder sind von:**

# Evaluationsbogen für das LIGA-Projektbüro zur Wirkungsanalyse in den Modellträgern

ISÖ
Institut für Sozialökologie

Ausfüllende(r) MitarbeiterIn des LIGA-Projektbüros (Name) | Datum | Uhrzeit (von - bis)

Besuchter Modellträger

- ○ Bodelschwingh-Hof (Landkreis Gotha)
- ○ CJD Erfurt
- ○ Lebenshilfe-Werk Weimar/Apolda e.V.
- ○ Andere

Anwesende Personen und deren Arbeitsbereiche

Anlass des Besuchs

1. Wie schätzen Sie die gegenwärtigen Angebote des Modellträgers allgemein ein: Erfüllen sie die Bedürfnisse der Menschen mit Behinderung?

- ○ Die Angebote erfüllen die Bedürfnisse der Menschen mit Behinderung voll und ganz
- ○ 2
- ○ 3
- ○ 4
- ○ Die Angebote erfüllen die Bedürfnisse der Menschen mit Behinderung gar nicht
- ○ Ich weiß nicht

1.1 Hier können Sie ihre Antwort kurz kommentieren (z.B. Sie erkennen eine Entwicklung, eine Eingrenzung der Angebote auf einen bestimmten Teil der primären Zielgruppe, etc.)

2. Wenn Sie den Umbau zu personenzentrierten ambulanten Angeboten genauer betrachten, welche Akteure spielen dabei aktuell welche Rolle?

| | Eine sehr wichtige Rolle (1) | 2 | 3 | 4 | Gar keine wichtige Rolle (5) | Ich weiß nicht |
|---|---|---|---|---|---|---|
| Leitung | ○ | ○ | ○ | ○ | ○ | ○ |
| Mitarbeitende | ○ | ○ | ○ | ○ | ○ | ○ |
| Angehörige/ Betreuer | ○ | ○ | ○ | ○ | ○ | ○ |
| Menschen mit besonderer Begabung | ○ | ○ | ○ | ○ | ○ | ○ |
| Akteure im Sozialraum (z.B. Vermieter) | ○ | ○ | ○ | ○ | ○ | ○ |
| Multiplikatoren (wie TMASGFF, kommunale Spitzenverbände und regionalen Leistungsträgern) | ○ | ○ | ○ | ○ | ○ | ○ |
| Alle beteiligten Akteure im Rahmen der Eingliederungshilfe in Thühringen | ○ | ○ | ○ | ○ | ○ | ○ |

3. In welchen Themenkomplexen ist die Einbindung von Menschen mit Behinderung bei dem Modellträger momentan möglich, in welchen nicht?

| | Sehr gut möglich (1) | 2 | 3 | 4 | Gar nicht möglich (5) | Ich weiß nicht |
|---|---|---|---|---|---|---|
| Wohnsituation | O | O | O | O | O | O |
| Arbeit | O | O | O | O | O | O |
| Bau | O | O | O | O | O | O |
| Finanzierung | O | O | O | O | O | O |
| Prozesse in der Institution (Organisations-entwicklung / Ver-änderungsprozesse) | O | O | O | O | O | O |
| Qualitätsmanagement (damit sind laufende Prozesse gemeint, z.B. Zertifizierungen, Prozessbeschreibung usf.) | O | O | O | O | O | O |
| Konzeptentwicklung zu mehr Teilhabe | O | O | O | O | O | O |

3.1 Hier haben Sie Platz, Ihre Antworten kurz zu kommentieren:

4. Welche Risiken und Grenzen der Einbindung von Menschen mit Behinderungen werden im Augenblick bei dem Modellträger wahrgenommen?

5. Werden die gerade genannten Risiken und Grenzen der Einbindung gegenwärtig angegangen und versucht zu bewältigen?

- ○ Ja
- ○ Nein
- ○ Ich weiß nicht

5.1 Hier haben Sie Platz, Ihre Antwort kurz zu kommentieren:

| |
|---|
| |

6. Welche Änderungsbedarfe/ Entwicklungsbedarfe des Modellträgers (Mitarbeitende, aber auch Führung) in welchem Bereich sehen und erwarten Sie, auch im Vergleich zu Ihrem letzten Besuch?

- ☐ Konzeptentwicklung
- ☐ Organisations-Entwicklung
- ☐ Personalentwicklung

6.1 Hier haben Sie Platz, Ihre Antwort kurz zu kommentieren:

| |
|---|
| |

7. Abschließend, stimmen Sie der Aussage zu: Der Modellträger ist meiner Meinung nach auf dem richtigen Weg hin zu mehr Inklusion/ hin zu personenzentrierten ambulanten Angeboten.

- ○ Ich stimme voll zu
- ○ Ich stimme eher zu
- ○ Teils / teils
- ○ Ich stimme eher nicht zu
- ○ Ich stimme überhaupt nicht zu
- ○ Ich weiß nicht

7.1 Hier haben Sie Platz, Ihre Antwort kurz zu kommentieren:

| |
|---|
| |

8. Sehen die Akteure in dem Modellträger momentan, dass das Projekt einen Beitrag zur Umsetzung des BTHG leistet?

- ◯ Ja
- ◯ Nein
- ◯ Ich weiß nicht

8.1 Begründung:

|   |
|---|
|   |

9. Hier ist Platz für weitere Notizen/Anmerkungen:

|   |
|---|
|   |

Vielen Dank!

**Ausfüllhilfe:**

Bei Unklarheiten sprechen Sie bitte das Team des ISÖ an (info@isoe.org)!

***Haben Sie Fragen oder Anmerkungen zum Aufbau dieses Fragebogens?***

*Dann wenden Sie sich mit Ihrer Rückmeldung gerne an magdalena.wisskirchen@isoe.org.*

---

**Evaluation des Modellprojekts**

**„Wie macht man Teilhabe?"**

Modul 2 – Komponente 1

**Entwurf Online Befragung von Fachkräften und Multiplikatoren**

Zielgruppe: Mitarbeiter*innen, Funktionäre, Angehörige,

Beantwortungsdauer: ca. 10 Minuten

Einsatz / Frequenz des Fragebogens: jährlich

Verwendetes Programm: typeform.

Angestrebte Teilnehmerzahl: insgesamt 300 Personen

**Vortext / Einleitung:**

Dieser Online Fragebogen ist Bestandteil der Begleitevaluation des 2017 gestarteten Modellprojekts „Wie macht man Teilhabe?" der LIGA der freien Wohlfahrtsverbände Thüringen, gefördert durch die Stiftung Aktion Mensch.

Das Projekt verfolgt das Ziel, Menschen mit Behinderungen aktiv in Veränderungsprozesse einzubinden, ihnen mehr Optionen für ein selbstbestimmtes Leben aufzuzeigen und gemeinsam mit den Modellträgern inklusivere Lebens-, Wohn- und Arbeitsmöglichkeiten zu entwickeln oder im Sozialraum zu eröffnen. Das Projekt endet im Juni 2020.

Grundlegendes Ziel dieser Weiterentwicklungen im Bereich des Teilhaberechtes (v.a. Bundesteilhabegesetz BThG) ist die Umwandlung der stationären Betreuungseinrichtungen in ambulant strukturierte Leistungsangebote für Menschen mit Beeinträchtigung. Dies fordert eine Abkehr von dem Prinzip „alle Leistungen aus einer Hand" und will dadurch eine erhöhte selbstständige Angebotswahl sichern. Durch diese „Ambulantisierung" und weitere Maßnahmen soll eine personenzentrierten Hilfeleistung (Hilfe, welche ausgehend von der Lebenssituation und Fertigkeiten der einzelnen Person erbracht wird) erreicht werden. Gesteigerte Wahlmöglichkeiten und insbesondere ein neues Verständnis des Behinderungsbegriffes im SGB IX sollen zu Selbstbestimmung und einer neuen Stellung der Menschen mit Beeinträchtigung in unserer Gesellschaft beitragen.

Das Modellprojekt „Wie macht man Teilhabe?" fragt nach Wegen der Ermöglichung dieser Ziele. Die Ambulantisierung wird hierbei als wesentliches Mittel zur Zielerreichung erhöhter Partizipation eingesetzt.

Unter dem Begriff der Partizipation bzw. der Teilhabe wird im Folgenden das Recht aller Menschen verstanden, am gesellschaftlichen Leben gleichberechtigt teilzunehmen, sich zu beteiligen, einbezogen zu werden, mitwirken und mitbestimmen zu können.

Im Rahmen dieses Projekt übernimmt das ISÖ - Institut für Sozialökologie den Auftrag der Evaluation. Grundsätzliches Ziel hierbei ist es zu erfahren, wie das Projekt in seinen unterschiedlichen Entwicklungsphasen und Ergebnissen wahrgenommen und bewertet wird.

<u>**Entwurf Online Fragebogen**</u>

**Allgemeine Fragen:**

1. Wie alt sind Sie? ___

2. Sie beantworten diese Fragen als:

o Mann o Frau o Sonstiges / Divers

3. Sie beantworten diese Fragen in der Rolle einer*eines: [Mehrfach Antwort möglich]

o Mitarbeiters*in einer Einrichtung für Menschen mit Beeinträchtigung
o Menschen mit Beeinträchtigung
o Assistenten*in
o Angehörigen*r eines Menschen mit Beeinträchtigung
o Tätigen*r im politischen Bereich oder Verwaltung
o Sonstiges ____________________

**Allgemeine Frage zum Partizipationsverständnis:**

4. Was kennzeichnet für Sie eine gelungene Partizipation / Teilhabe von Menschen mit Beeinträchtigung?

______________________________________________________________

______________________________________________________________

______________________________________________________________

**Aktuelle Beteiligungs-, Teilhabe- und Selbstbestimmungsmöglichkeiten der Menschen mit Beeinträchtigung**

5. Wie bewerten Sie die aktuellen Möglichkeiten zur Teilhabe für Menschen mit Beeinträchtigung?

| gut | eher gut | Teils/teils | eher schlecht | schlecht | Weiß nicht |
|---|---|---|---|---|---|

6. Können Menschen mit Beeinträchtigung selbstbestimmt ihre Unterstützungsmaßnahmen auswählen?

| ja | eher ja | Teils/teils | eher nein | nein | Weiß nicht |
|---|---|---|---|---|---|

7. Was vor allem behindert Ihrer Meinung nach die Teilhabe und Selbstbestimmung von Menschen mit Beeinträchtigung?

______________________________________________

______________________________________________

______________________________________________

**Fragen zum Erfolgsversprechen des Projekts:**

8. Erhöhen sich durch das Modellprojekt, und die damit vollzogene Ambulantisierung, die Chancen auf eine gelungene Teilhabe der Menschen mit Beeinträchtigung?

| ja | eher ja | Teils/teils | eher nein | nein | Weiß nicht |
|---|---|---|---|---|---|

9. Wird Ihrer Meinung nach während des Umbauprozesses innerhalb der Modelleinrichtungen auf die individuellen Bedürfnisse der Bewohner eingegangen?

| ja | eher ja | Teils/teils | eher nein | nein | Weiß nicht |
|---|---|---|---|---|---|

10. Wo könnten Ihrer Ansicht nach bei der Umsetzung der Selbstbestimmungsforderungen des BTHGs Schwierigkeiten auftreten?

______________________________________________

______________________________________________

______________________________________________

11. Haben Sie Befürchtungen, dass einzelne Personengruppen in diesem Prozess übergangen werden könnten?

| ja | eher ja | Teils/teils | eher nein | nein | Weiß nicht |
|---|---|---|---|---|---|

**11a.** Wenn ja, welche?

______________________________________________

______________________________________________

12. Schätzen Sie den Informationsaustausch während des Projekts als offen und transparent ein?

| ja | eher ja | Teils/teils | eher nein | nein | Weiß nicht |
|---|---|---|---|---|---|

**Einbindung von Fachkräften und Multiplikatoren in den Ambulantisierungsprozess:**

13. Werden Sie in den Prozess der Weiterentwicklung der Modelleinrichtungen aktiv einbezogen?

| ja | eher ja | Teils/teils | eher nein | nein | Weiß nicht |
|---|---|---|---|---|---|

14. Können Sie Ihre Anregungen und Bedenken äußern und so die Entwicklung der Modelleinrichtungen mitbestimmen?

| ja | eher ja | Teils/teils | eher nein | nein | Weiß nicht |
|---|---|---|---|---|---|

**14a.** Hier können Sie uns eine oder mehrere konkrete Erfahrungen dazu nennen:

____________________________________________

____________________________________________

____________________________________________

**Fragen zu den Informationsveranstaltungen für Menschen mit Beeinträchtigung**

15. Haben Sie den Eindruck, dass die Fachtage zu den Themengebieten Wohnen, Arbeit und Freizeit einen Mehrwert für Menschen mit Beeinträchtigung darstellen?

| ja | eher ja | Teils/teils | eher nein | nein | Weiß nicht |
|---|---|---|---|---|---|

16. Haben Sie den Eindruck, dass die Fachtage bei Menschen mit Beeinträchtigung zu einer Erhöhung des Kenntnisstands über ihre eigenen Möglichkeiten und Rechte beitragen?

| ja | eher ja | Teils/teils | eher nein | nein | Weiß nicht |
|---|---|---|---|---|---|

**Notwendige Veränderungsprozesse zur Zielerreichung:**

**17.** Die zur Umsetzung des BTHGs notwendigen Veränderungen in der Konzeptentwicklung, Organisationsentwicklung und Personalentwicklung finden während dem Projekt statt.

Konzeptentwicklung

| ja | eher ja | Teils/teils | eher nein | nein | Weiß nicht |
|---|---|---|---|---|---|

Organisationsentwicklung

| ja | eher ja | Teils/teils | eher nein | nein | Weiß nicht |
|---|---|---|---|---|---|

Personalentwicklung

| ja | eher ja | Teils/teils | eher nein | nein | Weiß nicht |
|---|---|---|---|---|---|

**18.** Wo ist Ihrer Auffassung nach im Sozialraum noch Handlungsbedarf für Kooperation und Angebotsvermittlung in den Lebensbereichen Wohnen, Freizeit und Arbeit?

____________________________________________________________________________

____________________________________________________________________________

**Frage zur Lage der politischen Vertretung:**

**19.** Sehen Sie die Bedürfnisse, Rechte und Wünsche von Menschen mit Beeinträchtigung politisch gut vertreten?

| ja | eher ja | Teils/teils | eher nein | nein | Weiß nicht |
|---|---|---|---|---|---|

**Rückfrage:**

**20.** Haben Sie das Gefühl, dass in diesen Prozessen (Umsetzung BTHG, Ambulantisierung der Modelleinrichtungen) die Rechte und Bedürfnisse von Menschen mit Beeinträchtigung neu geordnet und wahr- bzw. ernstgenommen werden?

| ja | eher ja | Teils/teils | eher nein | nein | Weiß nicht |
|---|---|---|---|---|---|

**20a.** Wenn nein, was fehlt?

____________________________________________________________________________

____________________________________________________________________________

**Grad der gelungenen Teilhabe:**

**21.** Wie sehr haben die Maßnahmen der Ambulantisierung Ihrer Meinung nach zu einer Steigerung der Partizipation in den letzten fünf Jahren beigetragen?

| sehr | etwas | Teils/teils | eher nicht | gar nicht | Weiß nicht |
|---|---|---|---|---|---|

**22.** Haben Menschen mit Beeinträchtigung ihrer Ansicht nach, nach der Beendigung des Ambulantisierungsprozesses, ausreichend Möglichkeiten ihre persönlichen Vorstellungen eines gelingenden Lebens zu realisieren?

| ja | eher ja | Teils/teils | eher nein | nein | Weiß nicht |
|---|---|---|---|---|---|

**22a.** Wenn nein, in welchen Bereichen ist dies nach wie vor nicht möglich und weshalb?

______________________________________________

______________________________________________

______________________________________________

**Frage zur Bedeutung der Angehörige im Prozess der Umgestaltung und des Prozesses für die Angehörigen selbst:**

**23.** Denken Sie, dass Angehörige sich gut in die Bedürfnisse und Wünsche der Menschen mit Beeinträchtigung einfühlen und so zu ihrer Selbstbestimmung beitragen können?

| ja | eher ja | Teils/teils | eher nein | nein | Weiß nicht |
|---|---|---|---|---|---|

**23a.** Wenn nein, weshalb nicht?

______________________________________________

______________________________________________

**24.** Trägt diese Umstrukturierung der Hilfeleistungen für Menschen mit Beeinträchtigung eher zu einer Erhöhung der Autonomie der Angehörigen oder zu ihrer erhöhten Belastung bei?

| Erhöhte Belastung | eher Belastung | Teils/teils | eher Autonomie | Autonomiegewinnung | Weiß nicht |
|---|---|---|---|---|---|

**Abschluss: Bedürfnisse und Sorgen:**

25. Haben Sie noch Anregungen, Befürchtungen oder Sorgen, die Sie uns zu dieser Thematik noch gerne mitgeben möchten?

______________________________________________________________________

______________________________________________________________________

______________________________________________________________________

**Vielen Dank für Ihre Beteiligung!**

# Einladung

Sehr geehrte Damen und Herren,

anknüpfend an den 1. Fachtag vom November 2018 des LIGA-Projektes „Wie macht man Teilhabe? – Inklusion durch Umbau der Angebote gemeinsam verwirklichen", laden wir Sie sehr herzlich zum

**2. Fachtag „Wie macht man Teilhabe? – Inklusion durch Umbau der Angebote gemeinsam verwirklichen"**
**am Dienstag, den 5. November 2019, 9:30 - 16:00 Uhr,**
**an die Ernst-Abbe-Hochschule Jena, Carl-Zeiß-Promenade 2, 07745 Jena**

ein. Seit Juli 2017 begleitet und unterstützt das LIGA-Projekt drei Träger der Behindertenhilfe in Thüringen, die Bereiche ihres bisher stationären Wohnens schrittweise in ambulante, noch stärker personenzentrierte Angebote umwandeln wollen. Dabei werden die dort lebenden Menschen mit Beeinträchtigungen eng einbezogen. Der Fokus des von der Aktion Mensch Stiftung geförderten Projektes liegt dabei auf der Entwicklung und Erprobung von Modellen von Beteiligung bzw. Teilhabemöglichkeiten von Menschen mit Beeinträchtigungen in diesen Veränderungsprozessen und den dafür notwendigen Organisationsentwicklungsprozessen.

Mit dem Inkrafttreten der nächsten Reformstufe des Bundesteilhabegesetzes und dem Abschluss des Thüringer Landesrahmenvertrages gewinnt das LIGA-Projekt weiter an Relevanz. Vor diesem Hintergrund bietet das Projekt zusätzliche Anregungen zur Neuausrichtung der Unternehmen bezogen auf die Personenzentrierte Komplexleistung. Darüber hinaus werden Best-Practice-Beispiele von Teilhabemöglichkeiten in Einrichtungen der Eingliederungshilfe vorgestellt.

Im Rahmen der Veranstaltung möchten wir Ihnen Zwischenergebnisse der Projektarbeit vorstellen und mit Ihnen darüber diskutieren.

Informationen zur Anmeldung, zum Veranstaltungsort und zum Datenschutz finden Sie im Infokasten auf dem Formblatt zur Anmeldung.

Wir freuen uns auf einen interessanten Fachtag.

Mit freundlichen Grüßen

Hans-Otto Schwiefert
Geschäftsführer

**Programm / Tagesablauf – 05. November 2019**

2. Fachtag „Wie macht man Teilhabe? – Inklusion durch Umbau der Angebote gemeinsam verwirklichen“

| | |
|---|---|
| 9:30 Uhr | Gemütliches Ankommen |
| **10:00 Uhr** | **Begrüßung, Grußworte, Einführung in den Tag**<br>Hans-Otto Schwiefert, Geschäftsführer der LIGA Thüringen;<br>Hagen Mittelstädt, Projektleiter;<br>Prof. Dr. habil. Michael Opielka, Dipl. Päd., Professor für Sozialpolitik an der Ernst-Abbe-Hochschule Jena, Wiss. Leiter und Geschäftsführer des ISÖ - Institut für Sozialökologie, Siegburg |
| **10:30 Uhr** | **„Das nehme ich selbst in die Hand!“**<br>Rainer Schmidt, Referent, Kabarettist und Paralympics Sieger |
| **11:00 Uhr** | **Impuls: Teilhabe** |
| **11:30 Uhr** | **Themeninseln zur Teilhabe**<br>Teilhabe in Unternehmen – Herausforderungen und Best–Practice-Beispiele:<br>• Empowermentzirkel des Bodelschwingh-Hof Mecherstädt e.V. Beschäftigte und Klient*innen begleiten den Umwandlungsprozess<br>• ABW-Beirat des CJD Erfurts: Selbstbestimmt auf dem Weg zum Gesamtbeirat<br>• Teilhabe in der Vorstandschaft des Lebenshilfe-Werkes Weimar / Apolda: Teilhabe der Klient*innen in Vorstandsgremien<br>• Teilhabe an der Projektarbeit: Beteiligung bei der Planung und Durchführung des LIGA-Projektes |
| **12:30 Uhr** | **Auswertung der Themeninseln** |
| **12:45 Uhr** | **Mittagspause**<br>Das Mittagessen kann in der Mensa eingenommen werden |
| **13:45 Uhr** | **Impuls: Eingliederungshilfe der Zukunft** |
| **14:00 Uhr** | **Themeninseln zu Ergebnissen der Projektarbeit im Bereich der Organisations- und Personalentwicklung**<br>• Leistung der Zukunft: Welche Chancen und Herausforderungen bietet die Personenzentrierte Komplexleistung?<br>• Personal der Zukunft: Welche Auswirkungen hat der Wandel auf die Personalenwicklung?<br>• Unternehmen der Zukunft: Wie wirkt sich personenzentrierteres Arbeiten auf die Unternehmen aus?<br>• Kosten des Übergangs: Welche Kosten verursacht der Wechsel hin zum ambulanten, personenzentrierteren Arbeiten? |
| **15:00 Uhr** | **Kaffeepause** |
| **15:15 Uhr** | **Diskussion der Ergebnisse** |
| **15:45 Uhr** | **Reflexion und Ausblick**<br>Hans-Otto Schwiefert, Geschäftsführer der LIGA Thüringen |

Tagesmoderation: Jörg Müller - NeulandQuartier

## Impressum

ISÖ – Institut für Sozialökologie gemeinnützige GmbH

Tel.: +49 (0) 2241 1457073

Fax: +49 (0) 2241 1457039

Ringstraße 8

53721 Siegburg

Wissenschaftlicher Leiter und Geschäftsführer

Prof. Dr. habil. Michael Opielka

Förder- und Trägerverein

Sozialökologische Gesellschaft e.V. (gemeinnützig) - gegründet 1987

Mitgliedschaften

Mitglied der Arbeitsgemeinschaft Sozialwissenschaftlicher Institute e.V. (ASI)

Mitglied im Deutschen Verein für öffentliche und private Fürsorge e.V.

www.isoe.org